JÚLIO MONTEIRO TEIXEIRA

GESTÃO VISUAL DE PROJETOS

UTILIZANDO A INFORMAÇÃO PARA INOVAR

ALTA BOOKS
EDITORA
Rio de Janeiro, 2018

GESTÃO VISUAL DE PROJETOS

Gestão Visual de Projetos — Utilizando a Informação para Inovar

 ISBN: 978-85-508-0171-1

Impresso no Brasil — 2018 — Edição revisada conforme o Acordo Ortográfico da Língua Portuguesa de 2009.

Publique seu livro com a Alta Books. Para mais informações envie um e-mail para autoria@altabooks.com.br

Obra disponível para venda corporativa e/ou personalizada. Para mais informações, fale com projetos@altabooks.com.br

Produção Editorial
Editora Alta Books

Produtor Editorial
Thiê Alves

Gerência Editorial
Anderson Vieira

Assistente Editorial
Ian Verçosa

Produtor Editorial (Design)
Aurélio Corrêa

Editor de Aquisição
José Rugeri
j.rugeri@altabooks.com.br

Marketing Editorial
Silas Amaro
marketing@altabooks.com.br

Vendas Corporativas
Sandro Souza
sandro@altabooks.com.br

Vendas Atacado e Varejo
Daniele Fonseca
Viviane Paiva
comercial@altabooks.com.br

Ouvidoria
ouvidoria@altabooks.com.br

Equipe Editorial
Bianca Teodoro
Illysabelle Trajano
Juliana de Oliveira
Renan Castro

Revisão Gramatical
Jana Araujo

Projeto Gráfico e Capa
Felix Li Han Huang

Dados Internacionais de Catalogação na Publicação (CIP)
Vagner Rodolfo CRB-8/9410

T266g Teixeira, Júlio Monteiro

Gestão visual de projetos: utilizando a informação para inovar / Júlio Monteiro Teixeira. - Rio de Janeiro : Alta Books, 2018.
208 p. : il. ; 17cm x 24cm.

ISBN: 978-85-508-0171-1

1. Administração. 2. Projetos. 3. Gestão de projetos. 4. Gerenciamento de projetos. 5. Planejamento. I. Título.

CDD 658.404
CDU 658.5

Rua Viúva Cláudio, 291 — Bairro Industrial do Jacaré
CEP: 20970-031 — Rio de Janeiro - RJ
Tels.: (21) 3278-8069 / 3278-8419
www.altabooks.com.br — altabooks@altabooks.com.br
www.facebook.com/altabooks

para meu pai, Vilmar Teixeira (in memorian),
um apaixonado por livros e entusiasta da minha trajetória.

AGRADECIMENTOS

Às pessoas que deram contribuições diretas a este livro, especialmente a: Giuliano Vieira Benedet, que foi muito mais que ilustrador e coautor, foi também um parceiro, incentivador e praticamente um autor visual do livro; Felix Li Han Huang, que, além de diagramador e ilustrador, foi um dos motores de produção deste projeto; Willian Peripato, ilustrador de alguns dos tópicos – obrigado por ajudarem e acreditarem neste projeto.

E também a todos os coautores pelo conteúdo que acrescentaram e pelo relato de suas experiências profissionais e cases, a saber: Adilson Pinto (UFSC), Bruno Ghisi (Resultados Digitais), Eugenio Merino (UFSC), José Roberto Mateus Jr. (Celulose IRANI), Joni Hoppen (Aquarela), Juliana Resende Costa (Mind the Graph), Luís Renato do Nascimento (Mind the Graph), Luiz Salomão Ribas Gomez (UFSC), Paulo Henrique Silva Alves (MAM Engenharia) e Thaís Sprada (Resultados Digitais).

A Tiago Mattozo (UFSC), pela revisão voluntária do conteúdo, e a Luciano de Castro (UFSC), pelo suporte quando tínhamos dúvidas quanto ao projeto editorial, a Daniel Mendonça, pela revisão do texto.

Às pessoas e às instituições especiais que me apoiaram e incentivaram nesta caminhada:

À Carolina Bayer Gomes Cabral, minha parceira, companheira e cúmplice de toda essa história.

À minha família, Vilmar, Vânia Clara, Joseane e Davi, por todo o incentivo, suporte e confiança.

Ao meu orientador de mestrado e doutorado, Eugenio Merino, que sempre acreditou no meu potencial e na aplicação da Gestão Visual em projetos.

À Brigitte Wolf, que, além de cotutora da minha pesquisa na Universidade de Wuppertal, também abriu contato com gerentes de projeto para a realização de visitas e entrevistas nos escritórios de projetos europeus.

À UFSC, local que disponibiliza espaço para ensino, pesquisa e extensão relacionados ao tema. Agradeço a todos os professores e alunos do curso de Design, em especial a: Clarissa Stefani Teixeira, Fernando Antônio Forcellini, Flávio Andaló, Giselle Merino, Ildo Francisco Golfetto, Israel Braglia, Lucas José Garcia, Luiz Antônio Costa Silva, Luiz Fernando Figueiredo, Marília Matos Gonçalves, Richard Perassi e Rogério Lacerda.

Ao IFSC, um dos locais onde atuei como docente e apliquei Modelos de Gestão Visual de Projetos. Um agradecimento a todos os professores e alunos do curso de Design, em especial aos professores Aldrwin Hamad, Carlos Eduardo Senna e Sérgio Scolari, grandes incentivadores deste livro, da inovação e da gestão visual de projetos. E à professora Deise Albertazzi, que escreveu um dos artigos sobre esse tema comigo e também participou de uma parte da pesquisa que realizei no IFSC.

A André Soares Monat, um mentor, amigo e entusiasta desta proposta.

À Maria Augusta Orifino e Roger Pellizzoni por acreditarem nesta proposta.

À UDESC, pela formação de base na minha carreira profissional e acadêmica, especialmente ao curso de Design.

À Tekoa – Informação e Conectividade, local onde me aprimorei como profissional e gestor, pela oportunidade e confiança que me depositaram para aplicar princípios, procedimentos e ferramentas de gestão visual.

A Marco Casarotto, CEO da Tekoa, grande líder, amigo e impulsionador de boa parte dessa jornada. E também a José Ozório Ortiz e Bruna Reginato pela parceria antes, durante e depois da minha passagem pela empresa.

À Linha 10 – Novos caminhos em Design, minha primeira empresa, onde iniciei minhas vivências como empreendedor e gestor de projetos. Em especial, aos meus ex-sócios Gilson Lucas Bugs, Roberto Modesto e William Jun Takahashi.

AUTOR

Júlio Monteiro Teixeira

COAUTORES CONVIDADOS

Capítulo 3:

Adilson Pinto *(tópicos: Navegando por mapas e Visualize resultados)*
Joni Hoppen *(tópico: Indicadores, dashboards e KPI's)*
Juliana Resende Costa *(tópico: Uma introdução à visualização)*
Luís Renato do Nascimento *(tópico: Uma introdução à visualização)*
Paulo Henrique Silva Alves *(tópico: Indicadores, dashboards e KPI's)*

Capítulo 5:

Bruno Ghisi *(Case 4)*
Eugenio Merino *(Case 1)*
Giuliano Vieira Benedet *(Case 3)*
José Roberto Mateus Junior *(Case 6)*
Luiz Salomão Ribaz Gomes *(Case 2)*
Thaís Sprada *(Case 5)*

ILUSTRADORES:

Giuliano Vieira Benedet *(ver tabela de autoria na página 201)*
Felix Li Han Huang *(ver tabela de autoria na página 201)*
Willian Peripato *(ver tabela de autoria na página 201)*

PROJETO GRÁFICO:

Felix Li Han Huang

SUMÁRIO

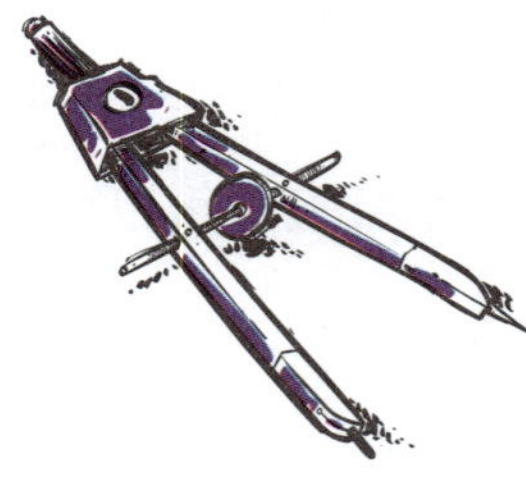

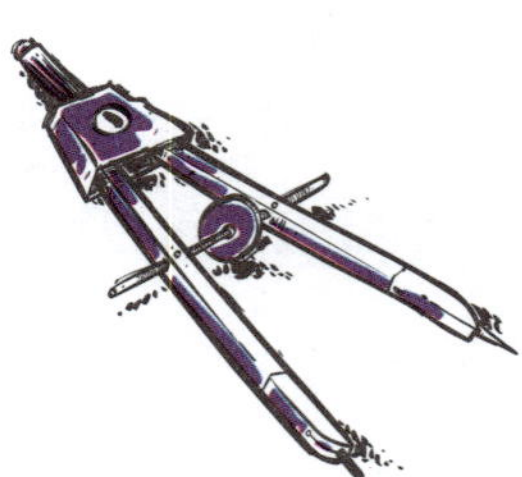

COLOCANDO A INFORMAÇÃO NO PRUMO ------------------ 44

CAPÍTULO 3: ORGANIZAÇÃO DA INFORMAÇÃO

APRESENTAÇÃO

A origem deste livro mistura-se com minha trajetória pessoal, profissional e acadêmica. No entanto, sua edição contou com vários coautores e cocriadores, além de revisores e apoiadores. Durante essa trajetória, encontrei pessoas fantásticas que influenciaram direta e indiretamente este projeto (ver Agradecimentos, espero não ter esquecido ninguém). Todavia, por ser o idealizador e autor principal, julguei por bem escrever esta apresentação, para mostrar aos leitores como as peças foram sendo encaixadas até chegarmos aqui.

Na graduação, eu já desenvolvia alguns pequenos projetos, a maioria para clientes locais e alguns para um cliente de um estado distante. Desde lá, meu interesse por processos de desenvolvimento cresceu. Um ano antes de concluir a graduação, decidi entrar em uma empreitada junto com alguns amigos do curso. Decidimos abrir nosso próprio negócio e fazer projetos da forma que achávamos adequada. Terminei a graduação e, no total, atuei como sócio e projetista na empresa por cinco anos. Ainda durante esse período, comecei uma atuação paralela como professor voluntário na alfabetização de jovens e adultos.

Na empresa, além de métodos e softwares, buscávamos diferentes formas de melhorar nossos processos. Em paralelo, tinha também um projeto de ilustração, que já desenvolvia para um cliente há anos, e a atuação como professor voluntário, quando, somando tudo isso, decidi tentar uma candidatura ao mestrado. Naquele momento, sentia-me como um equilibrador de pratos, e tanto os softwares como os meus próprios métodos de gestão já não pareciam mais suficientes. Portanto, assim que fui aprovado no mestrado, decidi abandonar tudo aquilo para dedicar-me exclusivamente à vida acadêmica. Mas logo os "pratos" voltaram a aparecer: projetos de pesquisa, extensão, redação de artigos científicos, docência e alguns projetos como freelancer para complementar a renda. E lá estava eu novamente equilibrando pratos...

Interessado pelo assunto, ao final do mestrado, comecei a direcionar minha pesquisa científica para a gestão de projetos. Durante o doutorado, algumas boas oportunidades apareceram e outras foram criadas por mim: lecionar em uma universidade, consultorias, projetos maiores e mais interessantes, pesquisa científica no exterior etc. Escolhi, dentre as possibilidades, as que pareciam mais viáveis e promissoras no momento e continuei gerenciando meus projetos.

Desde então, tenho me debruçado sobre o tema no qual aparentemente fui pioneiro: Gestão Visual de Projetos[1]. Além da tese de doutorado, que abriu caminho para o desenvolvimento deste livro, publiquei, junto com meu orientador e o grupo de pesquisa, diversos artigos.

Com a defesa da tese, surgiram novas oportunidades. Apliquei o modelo com meus alunos de graduação e pós-graduação e em uma empresa para a qual eu prestava consultoria, que posteriormente resolveu me integrar ao grupo para desenvolver um modelo de referência próprio, incluindo um grupo de ferramentas visuais e integrando-as com softwares de gestão. Hoje, Gestão Visual de Projetos é tema de diversas pesquisas, ferramentas e disciplinas, inclusive uma delas é oferecida semestralmente por mim na Universidade Federal de Santa Catarina. Após isso, a prática evoluiu, sendo aplicada também por terceiros até chegarmos à proposta deste livro.

Essa experiência, e a de outras pessoas, está condensada nas páginas deste livro, que é, propositalmente, extremamente visual. Aproveite a leitura. Espero que ela ajude você a equilibrar melhor os pratos de um ou de vários projetos!

Júlio Monteiro Teixeira
www.juliomontex.com.br

NOTA:

[1] Cabe esclarecer que Gestão Visual já era um tema bastante difundido e aplicado, principalmente pelos envolvidos com a filosofia lean, mas até aquele momento, não tínhamos encontrado na literatura iniciativas que propusessem a visualização como eixo condutor de Processos de Desenvolvimento de Projetos.

NAVEGANDO NO LIVRO

Este livro possui uma estrutura de organização que, se bem compreendida, pode tornar a leitura ainda mais proveitosa. Especialmente para consultas rápidas e compreensão de algumas abordagens sobre os conteúdos. Veja a seguir alguns esclarecimentos:

CAPÍTULOS

Os capítulos são numerados e intitulados. Além disso, possuem um padrão visual que você não terá dificuldade para identificar. Todo início de capítulo apresenta uma ilustração de página dupla e uma cor padrão predominante.

TÓPICOS ASSINADOS

Alguns capítulos apresentam tópicos assinados. Nesses casos, coautores foram convidados para escrever o tópico, ora complementando o conteúdo, ora relatando uma situação-caso. Alguns tópicos foram escritos em parceria comigo, outros não. Para facilitar a identificação desses tópicos assinados e seus autores, uma página de abertura é apresentada antes de cada tópico assinado.

REFERÊNCIAS

Para facilitar a consulta, as referências citadas no texto são apresentadas no final de cada capítulo ou tópico assinado em formato ABNT. Quando o conteúdo sugere uma leitura complementar que não foi citada formalmente como referência, aparecerá em nota ou de forma distinta no final do capítulo ou do tópico assinado.

NOTAS

As notas apresentam informações e demais esclarecimentos complementares ao conteúdo. São numeradas de forma sobrescrita e contínua em todo o livro. Aparecem sempre no rodapé da mesma página onde foram indicadas no texto.

TÍTULOS E SUBTÍTULOS

Os títulos aparecem em caixa-alta, com maior tamanho e com destaque cromático na mesma cor padrão do capítulo ao qual tal título pertence. Os subtítulos aparecem de forma semelhante, mas não possuem destaque de cor.

ELEMENTOS VISUAIS

Para ressaltar pontos importantes do conteúdo, alguns elementos visuais são utilizados; você logo perceberá alguns deles.

REGISTROS FOTOGRÁFICOS

Os registros fotográficos reportam situações reais. No entanto, para preservar a imagem das pessoas que protagonizaram as cenas, ilustrações foram feitas sobre a silhueta das pessoas que estavam presentes no momento do registro.

Por fim, algumas vezes a narrativa alterna entre 1ª pessoa do singular e 1ª pessoa do plural, pois convidei autores para escrever alguns tópicos assinados e algumas vezes fala-se em nome de uma equipe de trabalho.

A seguir é apresentada uma síntese do que será possível encontrar em cada capítulo:

CAPÍTULO 1: DE ONDE AS COISAS SURGIRAM

INTRODUÇÃO

Apresenta e contextualiza o surgimento da proposta dentro da área de Gestão de Projetos. Além disso, descreve o propósito do livro e o que será possível encontrar nele.

CAPÍTULO 2: SOBRE OS OMBROS DE GIGANTES

FUNDAMENTOS TEÓRICOS

Apresenta os principais fundamentos e referências que sustentam a proposta.

CAPÍTULO 3: COLOCANDO A INFORMAÇÃO NO PRUMO

ORGANIZAÇÃO DA INFORMAÇÃO

Reúne conhecimentos, práticas e ferramentas importantes para a organização e visualização da informação, tanto para o desenvolvimento do projeto em si como para a sua gestão.

CAPÍTULO 4: COMO MONTAR SEU MODELO

ORIENTAÇÕES DE CONSTRUÇÃO

Apresenta os elementos estruturantes de um modelo visual, definindo premissas, requisitos e princípios. Também esclarece como um modelo de referência, método ou metodologia pode evoluir para se tornar um modelo visual de gestão de projetos. Além disso, apresenta as principais ferramentas de um modelo visual. Por fim, o capítulo reúne alguns depoimentos de profissionais que utilizam modelos visuais para a gestão.

CAPÍTULO 5: MÃO NA MASSA

DICAS E EXEMPLOS DE IMPLEMENTAÇÃO

Apresenta dicas e exemplos para quem deseja colocar a mão na massa e implementar um modelo de gestão visual no seu ambiente de trabalho, ora exemplificando como simples produtos do cotidiano podem ser transformados em importantes ferramentas visuais, ora apresentando cases práticos de implementação.

PREFÁCIO

A Gestão Visual de Projetos tratada neste livro expõe claramente o interesse em mostrar de forma didática a importância e a necessidade de tornar o processo de desenvolvimento de projeto mais democrático. Para isso, a utilização de recursos visuais mostra-se oportuna, pois permite ampliar as fronteiras do design e da gestão, uma vez que cria maior e melhor interação entre os profissionais envolvidos com o projeto.

Ao ler o livro, é possível identificar que a dinâmica foi criada pensando carinhosamente no leitor, com uma linguagem simples e responsável que combina textos, ilustrações, sínteses e depoimentos. A navegação pelo conteúdo permite compreender como a ciência colaborou para aprimorar o processo de desenvolvimento de projetos, e permite também conhecer uma abordagem diferente que explora a visualização. Os exemplos práticos auxiliam o leitor a entender como isso pode ser aplicado em sua realidade. Todo esse conteúdo foi detalhadamente apresentado de forma visual nas páginas a seguir.

Diferentes aspectos surpreendem na obra, além do entusiasmo do autor, dos coautores e dos demais envolvidos no projeto editorial do livro, cabe destacar a estrutura da obra que parte da gênese, passando por fundamentos teóricos, organização da informação até a construção de modelos visuais e as respectivas dicas para a implementação. Certamente, o cuidado e a originalidade do conteúdo aqui apresentado também vão surpreender você.

Percebo neste conteúdo um potencial transformador e inovador para a gestão de projetos, pois servirá como referência para os iniciantes e também será de grande utilidade para aqueles com maior experiência.

O design e áreas afins recebem com entusiasmo este livro, que marca o início de uma carreira brilhante do autor e mentor, acompanhado de figuras importantes.

Desejo a todos uma memorável experiência ao navegar por esta obra. Boa leitura!

Prof. Dr. Eugenio Merino.

PARA QUEM É ESTE LIVRO?

Tendo este livro uma finalidade didática, o ideal é que se leia de forma sequencial, uma vez que há um encadeamento de conceitos e ideias. No entanto, é possível consultar, utilizar e adaptar as sugestões deste livro da maneira que se julgar conveniente. Ainda assim, destaco para quem e para quais situações ele foi idealizado. Veja na página a seguir.

MAS, ANTES DE TUDO, VALE PERGUNTAR: VOCÊ É CURIOSO?

Se não é, já antecipo, não é necessário ler este livro inteiro para conhecer vantagens relacionadas à visualização de informações e ao uso da Gestão Visual de Projetos em um ambiente de alta performance. Para isso, já destaco alguns dos principais benefícios logo aqui abaixo:

- ***proporciona melhor entendimento do processo e do projeto, ao tornar mais rápido e fácil o acesso às informações;***
- ***apoia o trabalho padronizado e a aderência dos processos;***
- ***torna anormalidades visíveis;***
- ***estimula a inovação;***
- ***torna o processo mais ágil;***
- ***incentiva processos colaborativos;***
- ***aumenta o engajamento e a motivação da equipe;***
- ***promove a participação coletiva e a melhoria contínua...***

NO ENTANTO...

*Se você acredita nessas vantagens e não tem **curiosidade** de conhecer modelos, procedimentos, ferramentas e casos práticos de aplicação da gestão visual de projetos, sugiro que encerre sua leitura aqui. Mas, para todos os demais casos, boa leitura!!*

As principais vantagens para cada perfil do público-alvo:

PROFISSIONAIS DE MERCADO

Para Gestores de Equipe e Consultores

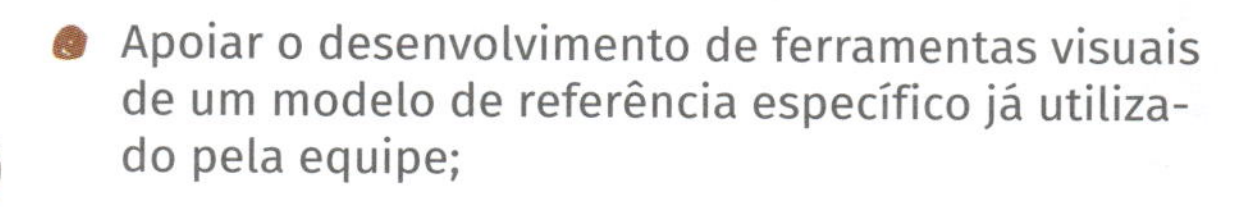

- Apoiar o desenvolvimento de ferramentas visuais de um modelo de referência específico já utilizado pela equipe;
- Apoiar o desenvolvimento de um modelo visual de referência próprio;
- Tornar mais visuais as etapas e ferramentas específicas de um processo ou modelo de gestão da organização e
- Orientar os especialistas da equipe.

Diferenciais que oferecemos a Gestores de Equipe e Consultores

Oferecemos um guia visual e didático, com cases práticos, que propõem facilitar a implementação de mudanças no Processo de Desenvolvimento de Projetos (PDP) de organizações. As melhorias tendem a apoiar a criatividade, a participação e a inovação.

Para Membros de Equipe

- Melhorar os resultados;
- Utilizar como fonte de consulta;
- Autodiagnosticar os próprios conhecimentos;
- Entender seu papel e dos colegas de equipe;
- Buscar novas fontes de consulta e
- Contribuir na estruturação e melhoria no PDP da organização.

Diferenciais que oferecemos a Membros de Equipe

O livro propõe soluções simples e visuais para entender o processo, interagir e reportar os avanços no projeto. Para isso, promove de forma leve e didática uma percepção global do Processo de Desenvolvimento de Projetos (PDP) e de algumas ferramentas.

PROFESSORES UNIVERSITÁRIOS

- Adotar como livro-texto;
- Empregar a proposta de forma ampla em um modelo de referência para o desenvolvimento de exercícios e práticas de projeto e
- Utilizar os princípios, modelos e ferramentas aqui apresentados para envolver os alunos de forma diferente no desenvolvimento de projetos.

Diferenciais que oferecemos a Professores Universitários

Além de uma proposta inovadora de gestão, já validada pela ciência, ao final de alguns tópicos são apresentadas sugestões e lições que podem ser aplicadas em sala de aula.

ALUNOS

- Complementar o referencial teórico sobre a Gestão de Projetos;
- Aprimorar noções de como desenvolver projetos, especialmente para quem pretende trabalhar em áreas de P&D;
- Conhecer princípios, modelos e ferramentas sugeridos para o desenvolvimento de projetos de forma visual.

Diferenciais que oferecemos a Alunos

Um referencial teórico e prático sobre Gestão Visual e Desenvolvimento de Projetos que apresenta de forma didática e ilustrada propostas fáceis e simples para incrementar o PDP.

Além da leitura sequencial, pode-se consultar capítulos específicos, conforme a área de estudo e interesse.

ONDE APLICAR A PROPOSTA?

É difícil ser categórico na resposta. A princípio, onde se trabalha com projetos de forma um pouco mais visual e onde há um interesse prévio em aplicar ou adaptar processos, modelos e ferramentas aqui apresentados. É normal a proposta se aplicar bem nas situações descritas a seguir:

1. A TRANSFORMAÇÃO DO MODELO DE REFERÊNCIA* EM ALGO MAIS VISUAL	2. A TRANSFORMAÇÃO DOS RESULTADOS DE ETAPAS DO PROCESSO** EM ALGO MAIS VISUAL
Nesta situação, a proposta ajudará o leitor a tornar a visualização o principal eixo condutor do processo por meio de ferramentas e práticas. ***A abordagem focada no modelo de referência é detalhada no Capítulo 4 e exemplificada nos Cases 1, 2, 3 e 5.***	***Nesta situação, a proposta ajudará na visualização de dados, informações, ideias e alternativas, por meio de diferentes técnicas, como: gráficos, infográficos, indicadores, esboços, renderings, mapas mentais, painéis semânticos, dashboards etc.*** ***Essa abordagem é apresentada no Capítulo 3 e percebida nos Cases 4 e 6.***
*O modelo de referência de processo também é chamado por alguns de metodologia ou método projetual, ou ainda, de processo padrão.	** São considerados resultados parciais ou finais as informações de pesquisas (mesmo que ainda estejam em andamento), esboços de solução, alternativas refinadas e até mesmo dúvidas da equipe que merecem destaque.

A minha tese de doutorado (TEIXEIRA, 2015) elencou e desenvolveu alguns desses princípios e ferramentas, propondo um modelo específico de Gestão Visual de Projetos, que também será apresentado neste livro - esse modelo foi testado primeiramente com alunos (ver case 1), e depois desdobrado após visitas de campo em empresas na Europa e, depois disso, houve aplicações desses princípios em outros casos com diferentes contextos.

Tais visitas a empresas europeias tiveram como objetivo central conhecer modelos e ferramentas de gestão de projetos e também os métodos do próprio Gestor de Projeto da empresa. A partir dessa pesquisa, foi possível, entre outras percepções, identificar e ratificar algumas coisas:

A *Empresas de médio e grande porte têm processos mais estruturados, organizados, controlados e registrados — há espaço para a implementação de modelos e ferramentas visuais, no entanto, não é tão simples propor uma solução radical.*

B *Empresas de pequeno porte, que desenvolvem projetos de pequeno e médio porte, na maioria das vezes não possuem um modelo ou ferramentas próprias que preconizem a visualização do processo — ou seja, oferecem um ambiente propício para uma aplicação mais integral.*

C *Em projetos de pequeno porte, nem sempre se faz necessário utilizar procedimentos tão sistematizados — mas alguns princípios e ferramentas podem ser aplicados.*

A partir disso, na mesma publicação (TEIXEIRA, 2015), proponho um gráfico[2] que é aprimorado e detalhado aqui:

Nível 1 ***Público Central. Aqui, as propostas tendem a se encaixar de forma mais "natural".***

Nível 2 ***indica que os princípios, os modelos e as ferramentas aqui apresentados têm potencial de uso, porém necessitam de ajustes em seus procedimentos e ferramentas para a realidade da empresa e do projeto.***

Nível 3 ***indica que os princípios de Gestão Visual de Projetos podem ser aplicados, porém seus procedimentos e ferramentas devem ser desenvolvidos.***

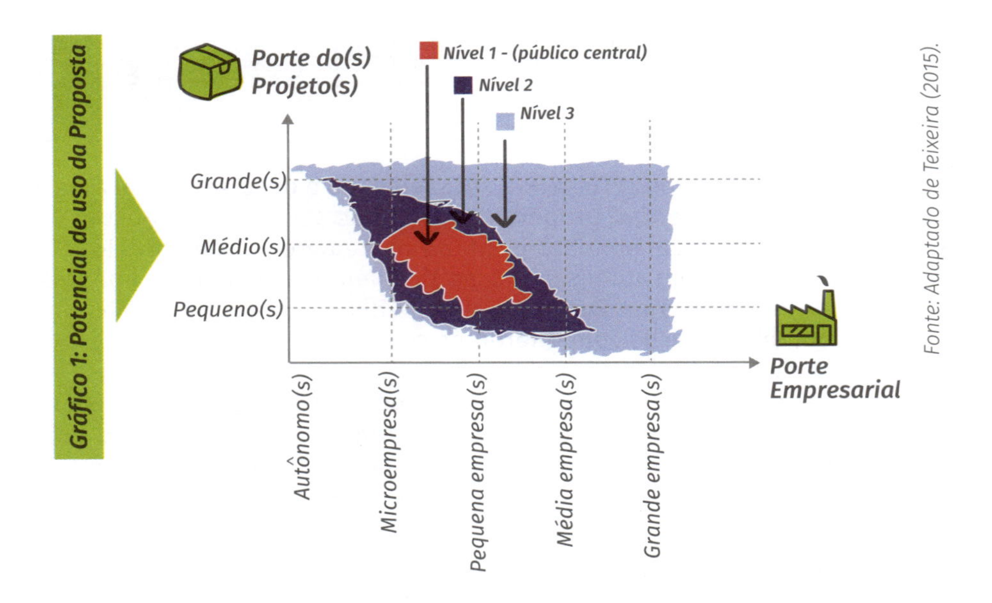

NOTA:

[2] O Gráfico não destaca as áreas limítrofes entre os níveis, pois sua finalidade é indicar o potencial de uso do modelo. A aderência do modelo deve ser avaliada pelo gestor e pela equipe de acordo com o(s) projeto(s) e as necessidades da organização.

O QUE É LEMMING?

Agora você deve estar se perguntando: "mas que diabos tem a ver Lemming com Gestão Visual de Projetos?". Antes de tudo, antecipo que não tem nada a ver com Lemmings© – aquele simpático joguinho da década de 1990. Apesar de o jogo envolver planejamento e controle simultâneo de diversas frentes, o nome não teve origem nele.

Lemming faz referência ao ato de guiar, conduzir, dar direção. Ato que pode ser bem representado pelo substantivo "leme" em português. No entanto, ao se apoiar na gramática da língua inglesa, a palavra Lemming, assim como a Gestão Visual de Projetos, que é proposta neste livro, torna-se algo que faz sentido como substantivo e também como algo em progresso.

Lemming não é necessariamente um grupo de ferramentas, método ou modelo projetual (em breve será[3]). Por enquanto, podemos chamá-lo de: uma proposta que visa disseminar princípios, processos e ferramentas que preconizem a visualização de informações e o pensamento visual no Processo de Desenvolvimento de Projetos (PDP).

NOTA:

[3] Cientificamente falando, para que uma iniciativa como esta utilize o termo "método" ou "modelo", ela deve ter um conjunto de normas de aplicação bem definido. Ela também deve ser, preferencialmente, testada e comprovada após aplicações sistemáticas de forma quase idêntica. As primeiras aplicações da Gestão Visual de Projetos seguiram um modelo de referência específico, já outros cases que ilustram este livro utilizaram os mesmos princípios, e algumas vezes ferramentas similares, porém com outra abordagem. Portanto, a iniciativa que apresentamos aqui expõe um conjunto de princípios e boas práticas que foram desdobrados para o uso em projetos, e que no futuro podem até vir a ser chamados de métodos ou modelos após serem testados de forma sistemática e similar. Quanto às ferramentas, apesar de serem descritas detalhadamente, sugerimos que as utilize adaptando conforme a sua necessidade.

REFERÊNCIA:

*TEIXEIRA, J.M. **Gestão Visual de Projetos**: Um modelo que utiliza o design para promover maior visualização ao processo de desenvolvimento de projetos. 2015. 330 f. Tese (Doutorado) – Curso de Engenharia de Produção, Centro Tecnológico, Universidade Federal de Santa Catarina, Florianópolis, 2015. Disponível em: <https://repositorio.ufsc.br/xmlui/handle/123456789/132982>.*

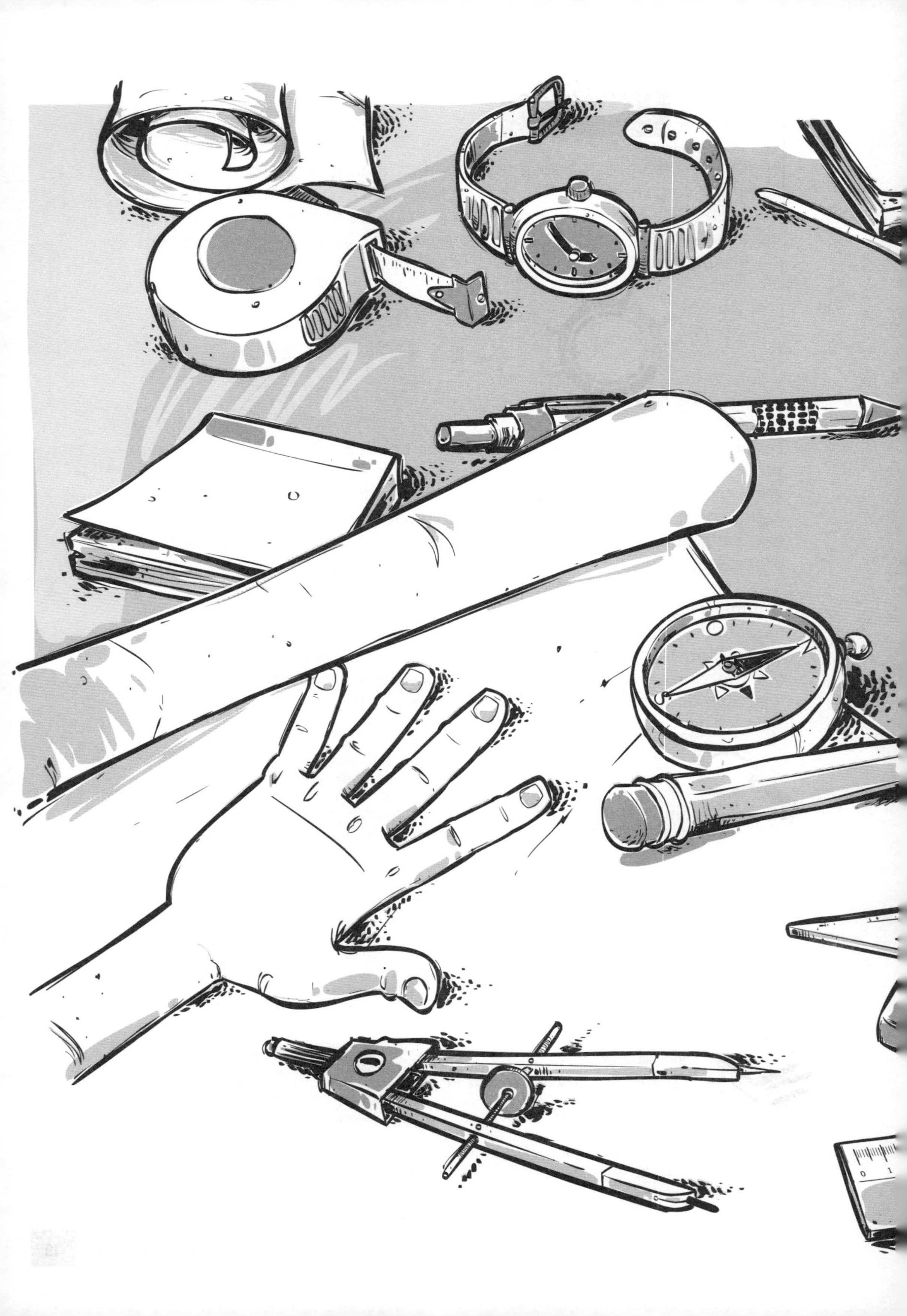

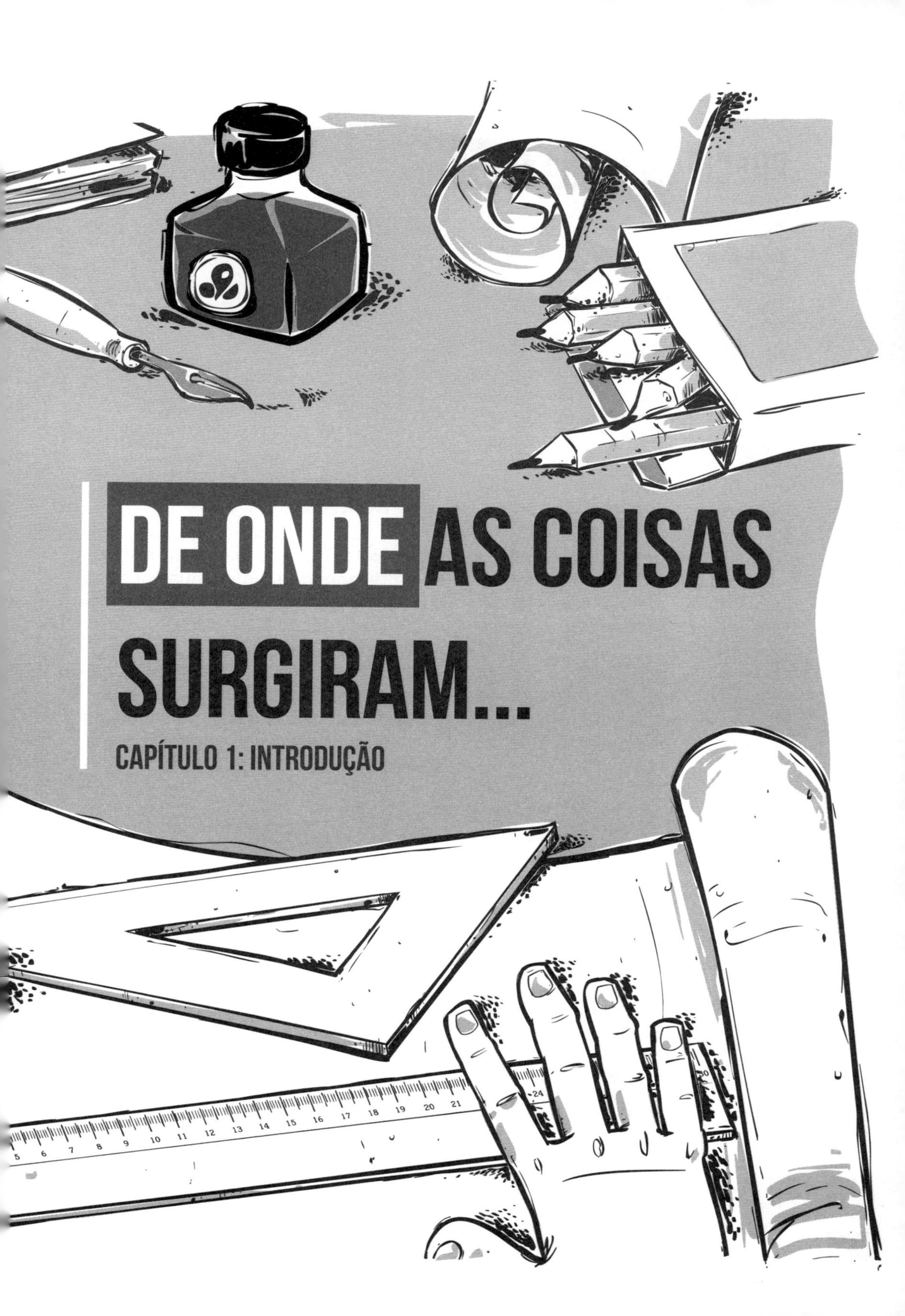

DE ONDE AS COISAS SURGIRAM...

CAPÍTULO 1: INTRODUÇÃO

PROCESSOS DE DESENVOLVIMENTO DE PROJETO PRECISAM DE GESTÃO?

Processos estão suscetíveis a mudanças. A adequação do projeto ao longo do desenvolvimento, por conta das variações de tempo, custo e da organização da equipe, figura entre as principais causas dessas mudanças. Portanto, alternativas que auxiliem as organizações no desenvolvimento de projetos são atrativas, por proporcionar maior fluidez, eficiência e eficácia aos processos.

Por isso, agilidade, produtividade e qualidade dependem necessariamente de maior eficiência e eficácia da organização nesse processo.

Espera-se que os processos de desenvolvimento de projeto promovam o entendimento e a visualização das etapas, atividades e tarefas a serem realizadas.

> “A NECESSIDADE DE INFORMAÇÃO QUALIFICADA, PADRONIZADA E DE FÁCIL USO TORNA A INTERFACE COM O USUÁRIO PARTE FUNDAMENTAL DOS MODELOS DE GESTÃO DE PROJETO.

Um projeto conduzido de forma sistemática e responsável, do planejamento até o lançamento do produto, pode ser mais coerente e adequado às etapas posteriores, inclusive para aquelas relacionadas à manufatura (ROZENFIELD et al., 2006). Diferentes metodologias, métodos e guias orientam e dão suporte ao desenvolvimento de projeto elencando uma série de procedimentos e atividades.

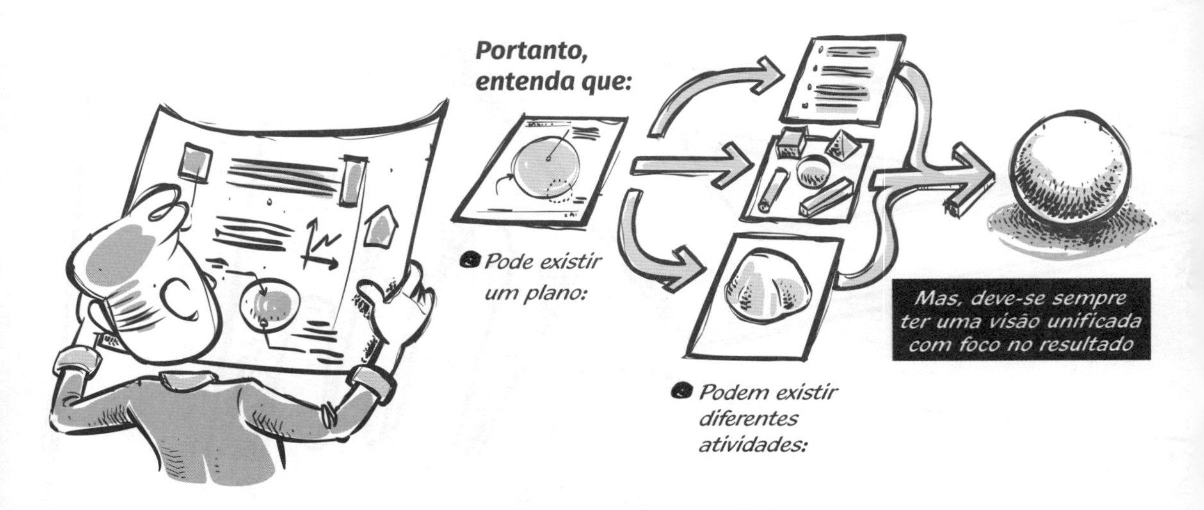

Portanto, entenda que:
Pode existir um plano:
Podem existir diferentes atividades:
Mas, deve-se sempre ter uma visão unificada com foco no resultado

Todas elas almejam que as formas de comunicação gerenciais sejam articuladas visando facilitar o entendimento e a interação dos colaboradores no processo. Isso permite que as pessoas direcionem sua atenção para os objetos com os quais trabalham diretamente.

A partir dessa demanda, emergiu a ideia da Gestão Visual aplicada a projetos para promover maior visualização a esses processos de desenvolvimento.

Apesar de os modelos e métodos atuais ressaltarem a importância dada à comunicação, os procedimentos sugeridos por eles para essa atividade são mais voltados ao relato textual do que ilustrado.

E POR QUE VISUAL?

Ao tornar os processos mais visuais, facilitamos a compreensão e a tomada de decisão; isso tende a deixar os projetos mais enxutos, abrindo mais espaço para a inovação. A empresa Toyota, ao perceber isso, antecipou-se e foi uma das primeiras a sistematizar procedimentos para facilitar a visualização no chão de fábrica.

O pensamento enxuto, ou mentalidade enxuta (Lean Thinking), tem raízes no mesmo Sistema Toyota de Produção[4]. Todavia, vem sendo proposto nas últimas décadas como conceito de liderança e gestão que mantém como objetivo a sistemática eliminação de desperdício e a criação de valor, por meio da visualização da informação.

Como será explicado posteriormente neste livro, o ser humano tem facilidade para identificar padrões visuais. Dessa forma, pensar, analisar e discutir projetos de forma visual liberta o cérebro para imaginar, criar e co-criar. Ou seja, em vez de gastar tempo eliminando problemas de comunicação ou tentando entender padrões nos dados, a equipe concentra esforços na solução do problema.

NOTA:

[4] A manufatura enxuta, em inglês Lean Manufacturing, também conhecida como Sistema Toyota de Produção, foi criada pelos japoneses da Toyota Motors, com o objetivo de reduzir os desperdícios de superprodução, tempo de espera, transporte, movimento e defeitos, gerando maior qualidade, flexibilidade e redução de tempo e custos, tornando a empresa mais competitiva. (WOMACK et al., 2004)

PRINCIPAIS DIFICULDADES NO GERENCIAMENTO DO PROJETO

Os princípios de gerenciamento de projetos surgiram imitando o chão de fábrica, cuja meta de programação era distribuir as atividades para cada pessoa e verificar o andamento. Em ambientes como esse, e também em escritórios de projeto, é natural uma posição reativa por parte dos membros da equipe, especialmente quando existe cobrança de performance.

Por isso, propostas que integrem métodos, princípios e ferramentas voltados para o PDP, que convidam a equipe a participar da inovação, recebido destaque nas últimas décadas.

Normalmente, processos de desenvolvimento de projetos apresentam as seguintes fragilidades:

FRAGILIDADES QUE TIRAM O FOCO DO PROJETO

Essa falta de entendimento pode, por exemplo, induzir conflitos decorrentes de mal-entendidos. Também pode levar a falhas de comunicação, erros de interpretação, frustração e disputas, que atrapalham a evolução e a produtividade da equipe.

Dessa forma, esses tipos de dificuldades envolvem procedimentos articulados por diferentes níveis organizacionais. Quanto ao fluxo de informações inerentes a esses desenvolvimentos, podem ser identificadas fragilidades em diferentes níveis, que, para entendimento, serão aqui determinados como: organizacional, processual, departamental, setorial e individual.

O nível organizacional refere-se às decisões estratégicas da organização; o nível processual refere-se a métodos e procedimentos; o departamental, a um conjunto de atividades; o setorial, a um grupo de tarefas específicas e o individual, a responsabilidades direcionadas por membro de equipe.

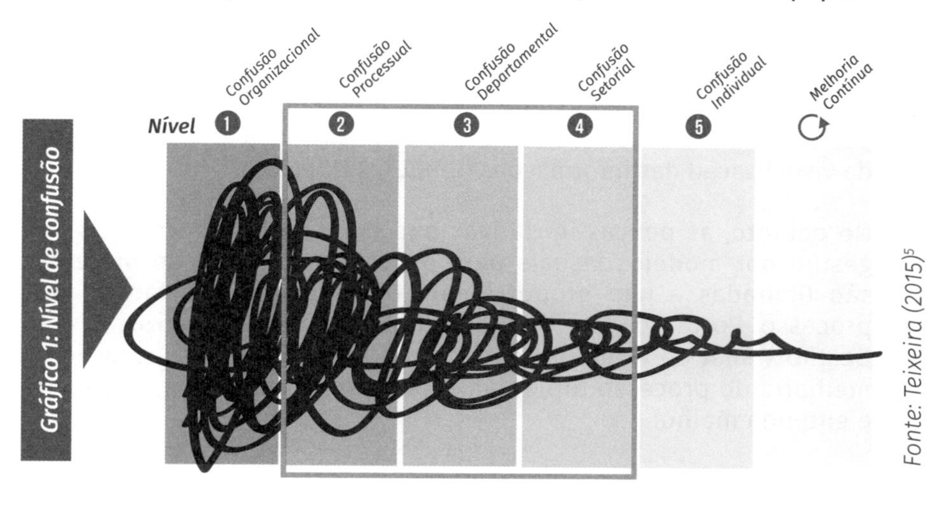

Gráfico 1: Nível de confusão

Fonte: Teixeira (2015)[5]

Além da minimização de fragilidades em nível organizacional, o desenvolvimento de projetos, quando melhor articulado, pode auxiliar principalmente no ***nível processual, no departamental e no setorial***, pois o nível organizacional envolve decisões estratégicas, normalmente tomadas antes da escolha pelo desenvolvimento de produto. No entanto, conhecer processos similares permite avaliar melhor o tempo, os recursos e as tecnologias necessárias para o desenvolvimento de um novo projeto de produto.

NOTA:

[5] Alguns autores apresentam formas de representação visual similares a esta (um "emaranhado" de linhas) para fazer menção à dificuldade de compreensão e complexidade de um evento, processo ou situação. Entre eles cabe citar: Osterwalder e Pigneur (2010) e Vianna (2012), que adaptaram e utilizam um princípio e recurso visual similar para esclarecer os diferentes níveis de confusão dentro de uma organização.

Cada ator que participa do desenvolvimento de projetos enxerga-o segundo sua percepção. Poucos possuem a visão do todo, e os gerentes de desenvolvimento, que teoricamente possuem essa visão, encontram dificuldades para administrar conflitos e, às vezes, perdem-se na abrangência do projeto. Segundo Sibbet (2013), as equipes tornam-se mais eficientes e eficazes quando conseguem visualizar o tema de forma que seja possível desenvolver comparações, localização de padrões e mapeamento de ideias, pois isso facilita a pensar globalmente.

A vantagem de fazer sínteses de forma visual é que projetistas, analistas de dados, tomadores de decisão e outras partes interessadas podem concentrar as suas atenções cognitivas e perceptivas, a partir da visualização das informações (SIBBET, 2013).

No entanto, as poucas iniciativas que apresentam abordagens de gestão por modelos visuais para o desenvolvimento de projetos são limitadas e não proporcionam desempenho satisfatório do processo. Portanto, este livro busca apresentar a visualização e a Gestão Visual de Projetos como uma oportunidade de inovação e melhoria do processo projetual. Veja o propósito do livro a seguir e entenda melhor.

PROPÓSITO DO LIVRO

Lemming tem como propósito apresentar princípios e soluções encontradas pelo autor em diferentes contextos para promover a gestão e o pensamento visual voltados ao desenvolvimento de projetos.

Aqui você vai encontrar:

- ***Exemplos de modelos, processos e ferramentas, suas potencialidades, fragilidades e recomendações para utilizar na Gestão de Projetos;***
- ***Soluções para melhorar a visualização de informações;***
- ***Sugestões de desenvolvimento para as atividades relacionadas ao projeto;***
- ***Estudos de caso, alguns com a avaliação e percepção dos membros de equipes;***
- ***Boas práticas utilizadas no contexto empresarial e na literatura.***

Portanto:

> "LEMMING É UMA FORMA DIFERENTE DE PENSAR A GESTÃO DE PROJETOS

A DOR QUE SE PRETENDE ATENDER

Apesar da popularidade e do reconhecimento científico de corpos de conhecimento e modelos para o desenvolvimento de projetos, segundo Amaral et al. (2011), nos últimos anos, essas propostas foram marcadas por críticas de diversos praticantes, principalmente quanto à questão de que um corpo unificado de práticas pode ser aplicável para qualquer tipo de projeto. Para Finocchio Júnior (2013), não existe nada de errado com os corpos de conhecimento, as informações que eles reúnem são relevantes e necessárias para se dominar um projeto. O nó da questão está na forma de aplicação.

Recentemente, passaram a ganhar destaque novas propostas voltadas para equipes menores e com cunho mais inovador que pregam: a simplificação dos métodos atuais; a flexibilidade; o planejamento interativo e o aumento da autonomia dos membros da equipe nas atividades de gerenciamento (AMARAL et al., 2011).

Portanto, iniciativas que propõem, de alguma forma, tornar o gerenciamento de projetos mais simples, visual, flexível ou interativo podem ser mais coniventes com ambientes dinâmicos, em que se desenvolvem projetos voltados à inovação.

Não foram encontrados, nos levantamentos realizados por Teixeira (2015), pesquisas que propusessem algum tipo de integração direta entre gestão visual e desenvolvimento de projetos em favor da simplificação, da visualização, da flexibilidade e da interação como é apresentado a seguir. Essa é a principal dor que se pretende atender, ou seja:

> **"AJUDAR GESTORES E EQUIPES QUE PRECISAM DE INSIGHTS PARA DESENVOLVER PROJETOS INOVADORES DE FORMA MAIS SIMPLES E VISUAL.**

Como antecipei, uma das estratégias utilizadas para atingir esse objetivo tem sido a aplicação do Lean Thinking, que ganhou popularidade crescente com os resultados alcançados a partir das primeiras publicações de Womack, em 1990 e 1992. Os efeitos da manufatura enxuta no desenvolvimento de produtos têm sido documentados há tempos na literatura, e vale citar autores como Clark e Fujimoto (1990) e Womack (1998). Esses estudos examinaram o impacto da produção lean sob a perspectiva da gestão, da engenharia e do marketing. Depois disso, Reis (2014) potencializou a influência desse efeito ao publicar o livro: *A Startup Enxuta*, que sugere uma lógica mais enxuta para promover o escalonamento e a inovação contínua às empresas de tecnologia.

Outra forma inovadora e visual que estimulou as pessoas a pensar de forma diferente a modelagem de um negócio foi proposta por Osterwalder e Pigneur (2010), o livro *Business Model Generation* e a ferramenta proposta por ele, o Business Model Canvas, também foram grandes influências para o Lemming (ver mais sobre isso na página 40).

Após entender de onde as coisas surgiram e o propósito deste livro, cabe então apresentar essas e as demais bases teóricas que sustentam Lemming enquanto proposta. O próximo capítulo apresenta esses fundamentos teóricos, aproveite!

REFERÊNCIAS CITADAS:

AMARAL, D. et al. **Gerenciamento ágil de projetos**: aplicação em produtos inovadores. São Paulo: Saraiva, 2011. 240 p.

CLARK K. B.; FUJIMOTO T. The Power of product integrity. **Harvard Business Review**, v. 68, n. 6, p. 107-118, 1990.

FINOCCHIO JÚNIOR, F.. **Project Model Canvas**: gerenciamento de projetos sem burocracia. Rio de Janeiro: Elsevier, 2013.

OSTERWALDER, A.; PIGNEUR, Y. **Business Model Generation:** Inovação em modelos de negócios. Alta Books, 2011.

REIS, E. **A Startup Enxuta:** como os empreendedores atuais utilizam inovação contínua para criar empresas extremamente bem-sucedidas. São Paulo: Leya, 2014. 288 p.

ROZENFELD, H. et al.. **Gestão de Desenvolvimento de Produtos**: uma referência para a melhoria do processo. São Paulo: Saraiva, 2006. 542 p.

SIBBET, D.. **Reuniões Visuais**: como gráficos, lembretes autoadesivos e mapeamento de ideias podem transformar a produtividade de um grupo. Rio de Janeiro: Alta Books, 2013. 292 p.

TEIXEIRA, J. M., **Gestão Visual de Projetos**: um modelo que utiliza o design para promover maior visualização ao processo de desenvolvimento de projetos. 2015. 330 f. Tese (Doutorado) – Curso de Engenharia de Produção, Centro Tecnológico, Universidade Federal de Santa Catarina, Florianópolis, 2015. Disponível em: <https://repositorio.ufsc.br/xmlui/handle/123456789/132982>.

VIANNA, M. et al.. **Design Thinking**: inovação em negócios. Rio de Janeiro: Mjv Press, 2012. 161 p.

WOMACK, J. P. et al.. **A máquina que mudou o mundo**: baseado no estudo do Massachusetts. Institute of Technology sobre o futuro do automóvel. Tradução de Ivo Korytowski. Rio de Janeiro: Elsevier, 2004. 340 p.

WOMACK, J.P.; JONES, D.T.. **A mentalidade enxuta nas empresas.** 5. ed. Rio de Janeiro: Campus, 1998. 427 p.

Odisséia
Homero
Odisséia
Principia Mathematica
Naturalis
V. II

SOBRE OS OMBROS DE GIGANTES

CAPÍTULO 2: FUNDAMENTOS TEÓRICOS

> Se vi mais longe foi porque me apoiei no ombro de gigantes.
>
> **Isaac Newton***

Alguns historiadores também atribuem a origem da citação a Tomás de Aquino, ou ainda a outros gigantes.

PROJETO, UMA DEFINIÇÃO

Segundo o PMI (2017), projeto constitui-se como um esforço temporário empreendido para criar um produto, um serviço ou um resultado exclusivo pois apresenta início e fim definidos no tempo, por isso tem escopo e recursos definidos. Ele é único, no sentido de que não se trata de uma operação de rotina, mas um conjunto específico de operações destinadas a atingir um objetivo em particular, enquanto as operações de rotina são contínuas e repetitivas.

O PENSAMENTO VISUAL

Pode-se dizer que pensar visualmente já era uma prática da idade das cavernas, muito antes da invenção da linguagem escrita dos egípcios, de Leonardo Da Vinci, ou dos designers e engenheiros dos últimos séculos. Grandes intelectuais, cientistas e inventores também pensavam visualmente. Contudo, na metade do século XX, começaram a ser difundidas novas lógicas de produção. Os japoneses passaram a investigar e sistematizar modelos de gestão direcionados principalmente aos procedimentos operacionais fabris. Concomitantemente a essa busca por melhores desempenhos, foram desenvolvidas propostas que incentivavam a maior participação dos colaboradores no processo, o trabalho em equipe e o uso de instrumentos gerenciais. Os japoneses, até hoje, induzem seus operários a pensar e a criar. Para isso, incentivam a criatividade e o acesso a informações.

A disseminação da filosofia Lean (que utiliza o gerenciamento visual, mapeamento de fluxo de valor e outros mecanismos visuais) ajudou a destacar a relevância da ***Gestão Visual****, por ela buscar, como finalidade, meios rápidos e simples que informem aos envolvidos sobre o processo e permitir que estes colaborem com a organização, bem como com suas operações e projetos*

EM SÍNTESE:

Gestão visual ***é, por definição:***
O processo de criação de um espaço de trabalho bem organizado, que elimina deficits de informação. *(GALSWORTH 2005 p.10)*

E **Gestão Visual de Projetos** é um conjunto de ações, ferramentas e modelos que visa promover maior visualização ao processo de desenvolvimento de projeto.
(TEIXEIRA, 2015 p.59)

GESTÃO VISUAL DE PROJETOS

As formas de apresentação visual são ilimitadas na Gestão Visual, pois os recursos visuais são guiados pelo objetivo de tornar fáceis e acessíveis as orientações, os procedimentos e a comparação do desempenho real versus o esperado. Um dos benefícios da visualização de informações, segundo Eppler e Platts (2009), é que elas podem ser evocativas e, portanto, inspiradoras e cativantes.

Sibbet (2013) afirma que, para pensar em algo que contenha muitos itens relacionados, é preciso visualizar, de forma a entender através de um padrão mais amplo. Dessa forma, a Gestão Visual busca permitir aos envolvidos a visualização e compreensão, tornando a situação mais transparente, ajudando a priorizar e melhorar o que realmente é necessário.

Alguns pesquisadores e especialistas buscaram definir o conceito Gestão Visual. Entre as definições mais relevantes, cabe trazer à tona aquelas entre as mais reconhecidas e utilizadas no âmbito nacional e internacional. Veja a seguir:

Gestão visual é o processo de criação de um espaço de trabalho bem organizado, que elimina deficits de informação. Ela fornece informações em tempo real sobre o status do trabalho por uma combinação de sinais visuais simples e permite que o empregado compreenda melhor sua influência sobre os resultados globais da organização (GALSWORTH, 2005, p.10).

O Lean Institute Brasil (2012) reforça o conceito ao definir Gestão Visual como um sistema de planejamento, controle e melhoria contínua que integra ferramentas visuais simples com a finalidade de possibilitar o entendimento e permitir, com uma rápida visualização, compreender a situação atual. Isso apoia o trabalho padronizado, a aderência dos processos e viabiliza melhorias.

Para buscar a melhoria contínua, pode-se, inclusive, fornecer informações que gerem ações voltadas à comunicação e à manutenção. Assim, a atualização de tais informações deve ser feita pelos que realmente fazem o trabalho que, na maioria das vezes, são os primeiros a perceber as anormalidades. No caso de projetos, isso deve ser feito pela própria equipe de projeto.

Entende-se por Gestão Visual aplicada ao Desenvolvimento de Projetos, propostas com um conjunto de ações e ferramentas — ou modelos —, que visem promover maior visualização ao processo de Desenvolvimento de Projetos.

Faz-se importante destacar algumas potencialidades e fragilidades sobre a gestão visual de projetos:

GESTÃO VISUAL DE PROJETOS

Potencialidades

- *Entendimento e acesso rápido e fácil às informações;*
- *Apoia o trabalho padronizado e a aderência dos processos;*
- *Incentiva processos colaborativos;*
- *Torna visíveis anormalidades.*

Fragilidades

- *Pode gerar disputa desleal entre diferentes frentes de projeto;*
- *Exposição de informações sigilosas (quando mal articuladas).*

Recomendações para uso

- *Desenvolver um conjunto de ações no qual o sentido da visão deve ser o eixo condutor do processo.*

DESENVOLVIMENTO DE PROJETOS

O Gerenciamento de Projetos da forma convencional que conhecemos surgiu por volta de 1950 e resultou em um conjunto significativo de técnicas, ferramentas e conceitos. Após meio século de evolução, o número de publicações científicas cresceu exponencialmente[6] e, no final da década de 1990, surgiram os "corpos de conhecimento" (os "BOKs" – *Body of Knowledge*).

NOTA:
[6] *Um exemplo rápido dessa evolução também pode ser visto pelo crescimento das sociedades relacionadas ao tema, como o Project Management Institute (PMI) e o International Project Management Association (IPMA).*

CORPOS DE CONHECIMENTO

(BODY OF KNOWLEDGE — BOK'S)

Os corpos de conhecimento são, na verdade, conjuntos de boas práticas para o desenvolvimento de projetos, que são normalmente reunidos e apresentados em livros. No entanto, nem sempre é simples escolher e cadenciar essas práticas, uma vez que processos de desenvolvimento mais complexos podem ser de difícil compreensão e visualização, pois implicam muitas atividades feitas por diferentes pessoas. Cada uma dessas pessoas produz resultados que, por vezes, são utilizados em etapas subsequentes. Dessa forma, a complexidade pode aumentar em razão proporcional a tamanho, profundidade e especificidades. Por isso muita gente tem dúvidas para adotar o que é sugerido por esses BOK's.

No processo de gestão do desenvolvimento de produto, além de ter como referência um corpo de conhecimento, mostra-se essencial adotar um padrão único (um modelo geral de referência). Todavia, ao defini-lo, deve-se considerar as melhores e mais adequadas práticas.

Adote ou construa um modelo de referência e transforme-o em um modelo visual, com o tempo ele será o gigante para a equipe se apoiar!

MODELOS DE PROCESSOS

Para que um processo padrão de desenvolvimento possa ser reutilizado por várias pessoas, ele deve ser documentado na forma de modelo. Um modelo serve para representar a realidade por meio de uma visão unificada e sintética.

A modelagem de processos e a adoção de um modelo é essencial para o planejamento das atividades de colaboração no desenvolvimento de produto.

Mas, e quando a demanda por inovação é grande? É possível trabalhar sobre um processo padrão? Sim, existem modelos mais enxutos e ágeis, mas é fundamental adotar um modelo como referência.

DESIGN THINKING

Quando se deseja inovar, pensar e utilizar os recursos que os designers usam para isso nos seus processos de desenvolvimento pode ser um bom caminho. O design utiliza ferramentas de linguagem visual para se reconectar com o modo natural de trabalho. Descobrir como o processo de brincar, evoluir e fazer versões das coisas — em resumo, trabalhar como designers trabalham — pode auxiliar muito o processo de desenvolvimento de projetos (SIBBET, 2013).

Segundo Vianna (2012) algumas organizações investem pesado em pesquisas de mercado. Mas, ainda assim, acabam negligenciando a perspectiva do cliente ao projetar produtos e serviços, segundo o mesmo autor: "bons designers evitam esse erro".

Portanto, o trabalho de um designer é estender limites do pensamento e apresentar novas opções, para então criar soluções de valor para as partes interessadas. Isso exige a capacidade de imaginar aquilo que não existe, seja nos negócios ou nas soluções mais tangíveis vinculadas a ele.

O designer enxerga como um problema aquilo que prejudica ou impede a experiência (emocional, cognitiva e estética) e o bem-estar na vida das pessoas (considerando os aspectos da vida, como trabalho, lazer, relacionamentos, cultura etc.). Para recuperar tais questões, ele organiza o pensamento de forma estrutural e estética: essa é a forma de pensar padrão dos designers. Por isso, o *design thinking* também figura como forte influência do que é proposto por *Lemming*.

GERENCIAMENTO ÁGIL

O gerenciamento ágil de projetos é uma abordagem fundamentada em um conjunto de princípios cujo objetivo é tornar o processo mais simples, flexível e interativo, de forma a obter melhores resultados em desempenho (tempo, custo e qualidade), menor esforço em gerenciamento e maiores níveis de inovação e agregação de valor ao cliente.

Chama a atenção nessas iniciativas a importância dada às técnicas visuais para demonstrar o progresso do projeto. Normalmente, esses gestores de projeto reconhecem os mecanismos visuais como os astros do Gerenciamento Ágil. Isso tudo ratifica a importância da visualização para o gerenciamento mais ágil de projeto

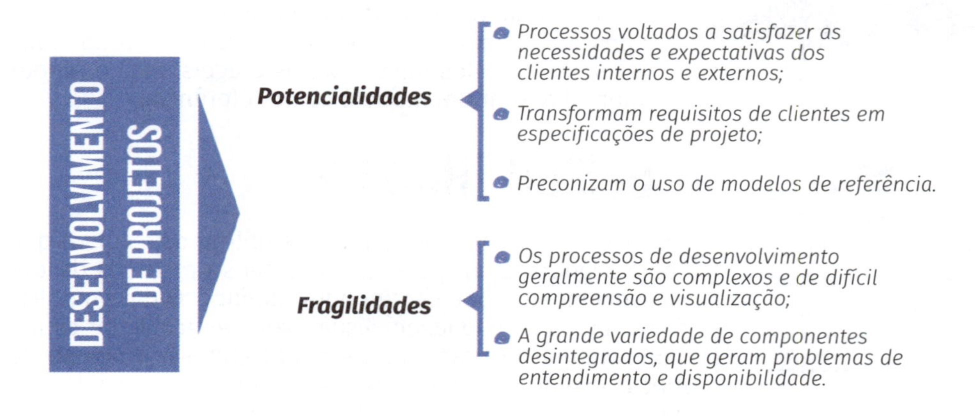

Provavelmente, neste ponto do livro, você já percebeu que Lean foi uma das fortes influências para o Lemming. Tanto por meio de seus princípios e fundamentos quanto por suas práticas e ferramentas. A gestão de projetos pode aumentar muito a eficiência e a eficácia do PDP ao promover a visualização de informações. O desenvolvimento Lean tende a ajudar as equipes a manter o foco no valor do projeto e a evitar os desperdícios.

Diversos autores e iniciativas abordam o Lean como tema central; alguns concentram-se mais nos princípios e fundamentos, outros nas práticas e ferramentas. Vale destacar: Clark e Fujimoto (1990) e Womack (1998), quanto aos princípios e fundamentos e Dennis (2010), Locher (2008) e Galsworth (2005), quanto às práticas e ferramentas. Cabe destacar ainda Bauch (2004), uma vez que sua tese propõe a aplicação do Lean ao PDP, uma proposta alinhada ao Lemming.

KANBAN: UMA FERRAMENTA IMPORTANTE PARA A GESTÃO VISUAL DE PROJETOS

O kanban é um dispositivo sinalizador que autoriza e dá instruções para a produção ou retirada de itens em um sistema puxado[7]. O termo significa “sinais” ou “quadro de sinais” em japonês. Os cartões kanban são o exemplo mais conhecido e comum de sinalização. Com frequência, são simples cartões de papelão, às vezes protegidos por envelopes de plástico, contendo informações como o nome da peça, o código, o fornecedor externo ou interno, o local de armazenamento e consumo. Um código de barras pode ser impresso no cartão com finalidade de rastreamento ou cobrança automática.

Além de cartões, os kanbans também podem ser placas, bolas coloridas, sinais eletrônicos ou qualquer outro dispositivo que forneça informações necessárias, evitando equívocos ou alertando algo.

- *Processo sistemático de identificação de anomalias, avisos e eliminação de desperdícios;*
- *Busca melhoria contínua por envolvimento de pessoas;*
- *Preconiza a padronização.*

NOTA:

[7] Sistema puxado ou produção puxada consiste basicamente na redução ao máximo do estoque, a produção inicia apenas a partir da solicitação do cliente. Tal sistema faz parte de um dos pilares do Sistema Toyota de Produção e, para que funcione, todo o sistema deve estar preparado, a fim de que o processo flua sem interrupções.

Exemplo do uso de Kanban em projetos

Segundo Teixeira, Schoenardie e Merino (2011), departamentos funcionais, etapas desconexas, documentos desnecessários, esperas, recursos inadequados e múltiplas aprovações podem ser indícios de microgestão. Tais indícios podem ser minimizados por uma proposta de gestão de fluxo de informação que considere a experiência do usuário a partir da usabilidade.

USABILIDADE

Como a comunicação ocorre por meio de uma interface, além de organizar, padronizar e controlar o processo de desenvolvimento de projetos, faz-se necessário planejar corretamente a apresentação dessas informações e das interfaces, considerando a usabilidade e seus requisitos.

Com base em Nielsen (2000), podemos dizer que a usabilidade é a característica que determina se o uso e o manuseio de um produto é fácil, de rápido aprendizado e dificilmente esquecido. Além disso, quando considerada desde a concepção da solução, ela tende a minimizar erros operacionais e oferecer maior satisfação para seus usuários.

Nesse sentido, as ferramentas visuais são os principais produtos do Modelo de Gestão Visual de Projetos, e os membros da equipe são os principais usuários. Portanto, tais ferramentas devem atender alguns princípios de usabilidade; segundo Normam (1986), isso permite que os usuários não precisem focar a sua energia na interface da ferramenta em si, mas no trabalho que eles desejam executar.

Ou seja, as ferramentas visuais devem permitir que a informação flua naturalmente. Para isso, Jordan (1998) apresenta princípios que devem ser observados quando se busca contemplar a usabilidade. Entre eles, cabe destacar:

- ***Consistência e Coerência***
  Projetar uma interface consistente significa coerência, ou seja, tarefas similares devem ser executadas de modos similares.

- ***Compatibilidade***
  A maneira como a ferramenta visual funciona deve corresponder à expectativa do usuário, principalmente a partir das experiências vividas por ele.

- ***Habilidade do usuário***
  O usuário possui determinadas capacidades que devem ser respeitadas. É importante que os membros da equipe não tenham suas capacidades suprimidas ou ultrapassadas ao usar as ferramentas visuais.

- ***Prevenção de erro e recuperação***
  As ferramentas devem ser projetadas de forma que a possibilidade de ocorrência de erros seja minimizada e que o usuário possa corrigir os eventuais equívocos de forma rápida e fácil.

- ***Clareza visual***
  A informação deve ser disponibilizada de maneira que possa ser lida de forma rápida e fácil, sem causar confusão quanto ao seu entendimento.

Agora que você já conhece os principais fundamentos que sustentam a proposta, cabe apresentar ferramentas e práticas já existentes que reúnem boa parte desses fundamentos e promovem a visualização.

FERRAMENTAS E PRÁTICAS QUE INSPIRARAM A PROPOSTA

Para que o leitor tenha conhecimento, apresentam-se aqui as soluções práticas encontradas na literatura e no mercado que inspiraram algumas das propostas de ferramentas visuais apresentadas neste livro.

Business Model Generation – BMG (Canvas)

Como foi dito no Capítulo 1, o BMG propõe o Canvas como ferramenta para modelagem de negócios. O sucesso do Canvas reforçou a ideia de que visualizar os principais elementos em um único plano facilita perceber a relação entre as partes e a pensar de maneira global.

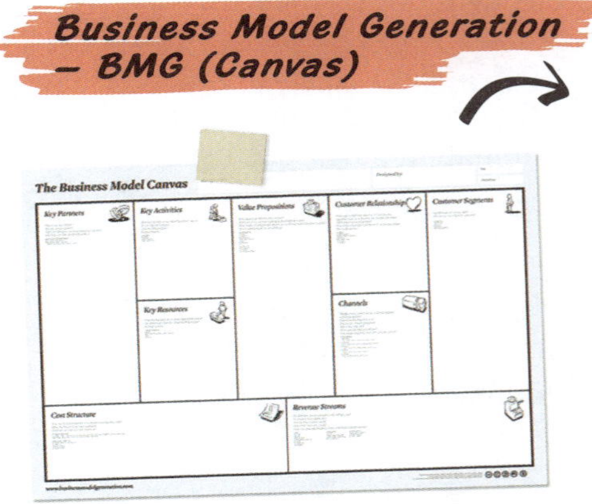

Fonte: Osterwalder e Pigneur (2010).

Project Model Canvas

Inspirado no Canvas, segundo o autor, o Project Model Canvas permite uma compreensão visual dos conceitos do projeto, do engajamento da equipe e da tomada de decisões. Essa proposta também ajudou a reforçar a ideia de que um painel auxilia de forma planificada e visual o planejamento do projeto.

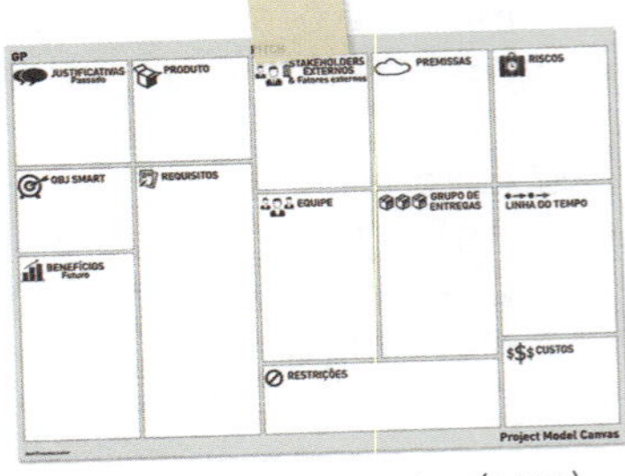

Fonte: Finocchio Junior (2013).

A3 Storyboard

Os Painéis A3 surgiram junto com as propostas de ferramentas do Lean para o chão de fábrica/manufatura. Segundo Dennis (2010), na Toyota, os relatórios A3 evoluíram até se tornarem um modelo padrão para a resolução de problemas. A proposta é que os painéis sejam fixados no ambiente de produção para que todos tenham acesso.

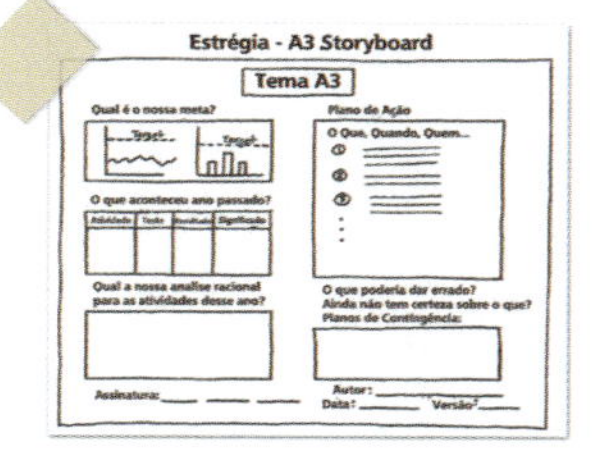

Fonte: Dennis (2010).

Fichas Lean

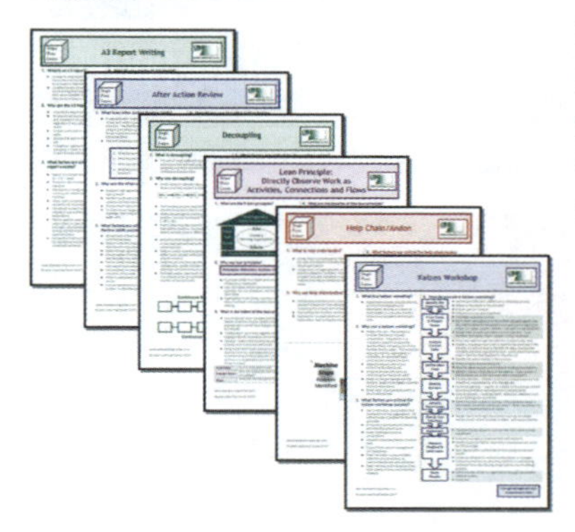

Fonte: Single Point Lessons: User Guide. Lean Learning Center (2007).

Essa forma de orientação detalhada da atividade proposta pelo Lean inspirou e norteou o desenvolvimento do conceito de fichas de orientação, que será apresentado no Capítulo 4.

Espaços para acesso à informação.

Após visitar algumas empresas que usavam a visualização para o ambiente de projetos, ou mesmo para tornar mais enxuto o chão de fábrica, ficou evidente o valor desse tipo de espaço. Essa percepção foi reforçada após conhecer a pesquisa de Eppler e Platts (2009); a publicação enfatiza o valor que existe em equipar a sala do café para ser esse ambiente.

Cartões-recado

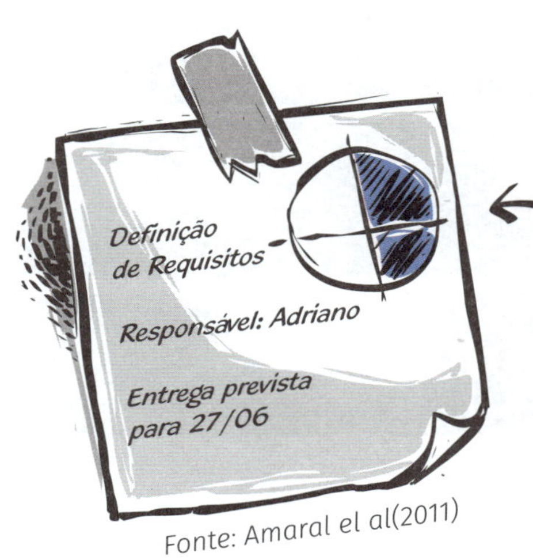

Fonte: Amaral el al(2011)

A proposta de cartões recado, relatada por Amaral el al (2011), sugere o uso de notas rápidas, como esta ao lado, sobrepostas aos painéis visuais.

PRINCÍPIOS PARA CRIAÇÃO DE UM MODELO DE GESTÃO VISUAL DE PROJETOS

PRINCÍPIOS	QUE ABORDAGEM INDICA O USO? Gestão Visual	Desenvolvimento de Projeto	Lean	Usabilidade	SUGESTÕES DE COMO APLICAR
Visualização como o eixo condutor de processo	✓	✓	✓		*Desenvolver um conjunto de métodos e ferramentas com foco na visualização.*
Estabelecer e utilizar um modelo de referência		✓			*Padronizar o uso de um único modelo de desenvolvimento de projetos.*
Promover a visualização de informações	✓	✓	✓	✓	*Utilizar painéis visuais em ambientes de projeto* *Criar fichas de orientação de entrega.*
Conduzir de forma sistêmica		✓	✓		*Indicar fluxos de entrada, de saída e de transformação.*
Focar no valor	✓	✓	✓		*Determinar o que é valor para os interessados.*
Gerar fluxo contínuo	✓	✓	✓		*Promover fluxo contínuo do desenvolvimento de projeto, principalmente pelo fluxo de informações.*
Promover a participação coletiva	✓	✓	✓	✓	*Envolver os colaboradores fornecendo-lhes o acesso a informações.*

REFERÊNCIAS CITADAS NO TÓPICO:

AMARAL, D. et al. **Gerenciamento ágil de projetos**: aplicação em produtos inovadores. São Paulo: Saraiva, 2011. 240 p.

BAUCH, C.. **Lean Product Development:** Making waste transparent. 2004. 132 f. Thesis (PhD) - Product Development, Department of Product Development, Massachusetts Institute of Technology, Massachusetts and Munich, 2004.

CLARK K. B.; FUJIMOTO T. **The Power of Product Integrity**. Harvard Business Review, v. 68, n. 6, p. 107-118, 1990.

DENNIS, P.. **The remedy:** bringing lean thinking out of the factory to transform the entire organization. United States of America: John Wiley & Sons, Inc., 2010.

EPPLER, M.; PLATTS, K.. Visual Strategizing: The Systematic Use of Visualization in the Strategic-Planning Process. **Long Range Planning**, [s.l], v. 42, n. 1, p. 42-74, 19 jan. 2009. Trimestral. Disponível em: <http://www.sciencedirect.com/science/article/pii/S0024630108001180>. Acesso em: 28 fev. 2009.

FINOCCHIO JÚNIOR, F.. **Project Model Canvas:** gerenciamento de projetos sem burocracia. Rio de Janeiro: Elsevier, 2013.

GALSWORTH, G.. **Visual Workplace:** Visual Thinking. Portland: Visual-lean Enterprise Press, 2005.

LEAN LEARNING CENTER. **Single Point Lessons:** User Guide. Boston: Lean Learning Center, 2007. Disponível em: <https://leanlearningcenter.com/products/single-point-lessons/>. Acesso em: 18 mar. 2013.

JORDAN, P. W.. **An Introduction to Usability.** London: Taylor & Francis, 1998.

LOCHER, D. **Value Stream Mapping for Lean Development process:** A How-To Guide for Streamlining Time to Market. New York: Taylor e Francis Group, 2008.

NIELSEN, J.. **Designing web usability.** Indianapolis: News Riders Publishing, 2000.

NORMAN, D. A.. **User centered systems design.** New York: Lawrence Earlbaum Associates, 1986.

OSTERWALDER, A.; PIGNEUR, Y. **Business Model Generation:** Inovação em modelos de negócios. Alta Books, 2011.

PMI - PROJECT MANAGEMENT INSTITUTE. Disponível em: <http://brasil.pmi.org>.acesso em:9 jan. 2017.

SIBBET, D.. **Reuniões Visuais**: como gráficos, lembretes autoadesivos e mapeamento de ideias podem transformar a produtividade de um grupo. Rio de Janeiro: Alta Books, 2013.

TEIXEIRA, J. M., **Gestão Visual de Projetos**: um modelo que utiliza o design para promover maior visualização ao processo de desenvolvimento de projetos. 2015. 330 f. Tese (Doutorado) – Curso de Engenharia de Produção, Centro Tecnológico, Universidade Federal de Santa Catarina, Florianópolis, 2015. Disponível em: <https://repositorio.ufsc.br/xmlui/handle/123456789/132982>.

TEIXEIRA, J; SCHOENARDIE R.; MERINO, E.. **Design Management:** management levels and project development relations. In: Proceedings. Design Management: Toward a new era of innovation, Hong Kong, 2011, p. 194-201.

VIANNA, M.. **Design Thinking:** inovação em negócios. Design Thinking, 2012.

WOMACK, J. P. et al.. **A máquina que mudou o mundo**: baseado no estudo do Massachusetts. Institute of Technology sobre o futuro do automóvel. Tradução de Ivo Korytowski. Rio de Janeiro: Elsevier, 2004.

COLOCANDO A INFORMAÇÃO NO PRUMO

CAPÍTULO 3: ORGANIZAÇÃO DA INFORMAÇÃO

A visualização pode ser aplicada em todos os âmbitos (social, econômico, político, científico etc). Ao sintetizar o conteúdo de relatórios textuais em gráficos e demais representações visuais, pode-se facilitar desde o entendimento de necessidades básicas de uma comunidade até mesmo o apontamento de suas carências e as tomadas de decisão (AGUILAR et al., 2017).

POR QUE "PROTOTIPAR" A INFORMAÇÃO?

Analisar e resolver problemas visualmente é um conceito que crescerá cada vez mais. Portanto, aprender a "colocar a informação no prumo" visualmente também será uma tarefa cada vez mais importante.

Métodos de desenvolvimento mais antigos preconizavam que o desenvolvimento de projetos tivesse as etapas de prototipação e testes mais concentradas nas etapas finais do projeto, levando, em algumas situações, os projetistas a perceberem erros de projeto apenas nas etapas finais. Alguns autores passaram a chamar isso de processo *waterfall* (processo cascata ou cachoeira), uma vez que o problema só é visto nas fases finais (o gráfico abaixo ajuda a entender isso).

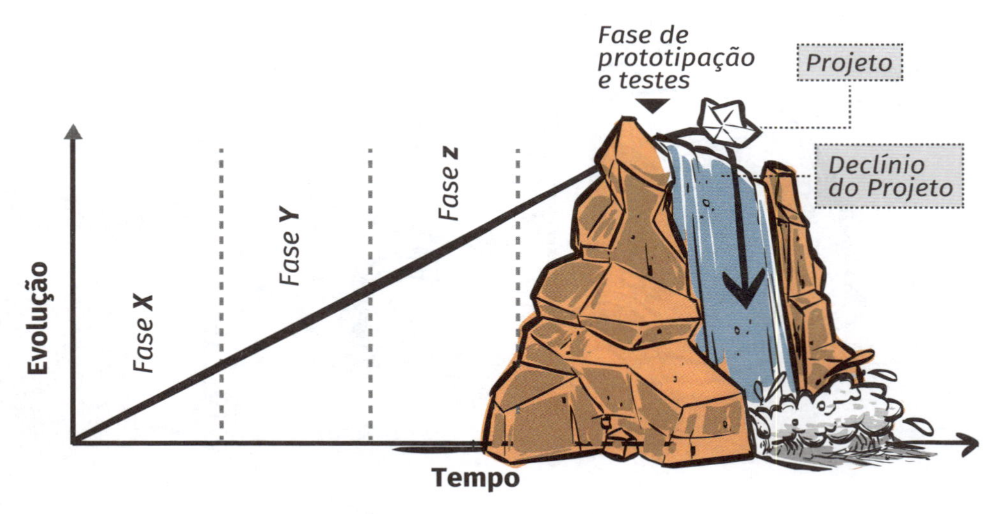

Processos de Desenvolvimento de Projeto — forma clássica

PERCA O MEDO DE ERRAR!

As novas abordagens para o Processo de Desenvolvimento de Projeto sugerem que protótipos e testes sejam realizados o quanto antes para que se descubra os erros também o quanto antes, veja o gráfico a seguir:

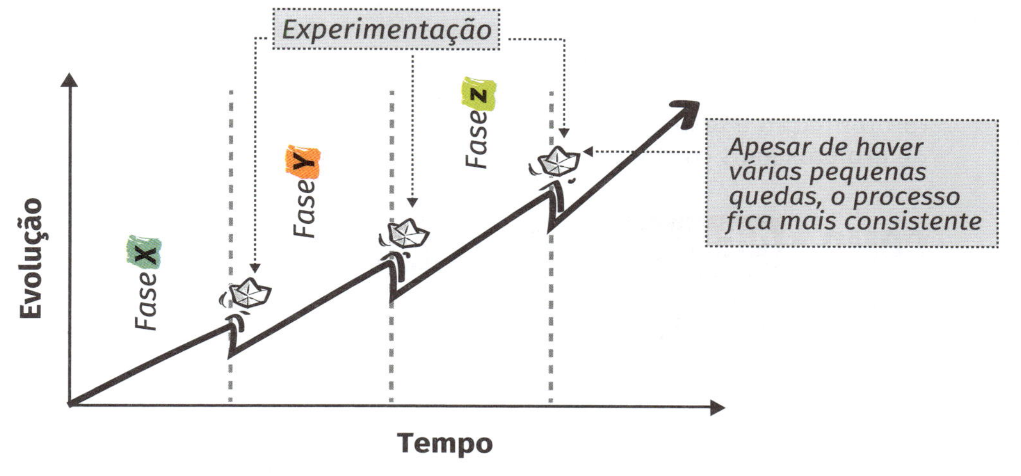

Processos de Desenvolvimento de Projeto — forma experimental

Portanto, criar relatos visuais desde a fase informacional ajuda a prototipar a informação, ou seja, ajuda a "testar" se as informações de projeto possuem nexo visualmente, pois ao agruparmos informações, nosso cérebro tende a procurar sentido! Funciona como uma espécie de validação conceitual das informações, pois se não fizer sentido nem conceitualmente, algo pode estar errado.

> "ATENÇÃO, VISUALIZAÇÃO ALEATÓRIA PODE ACARRETAR RESULTADOS ALEATÓRIOS, QUE NORMALMENTE LEVAM A CONSEQUÊNCIAS INDESEJADAS. PORTANTO, GARANTA QUE CADA FERRAMENTA OU RECURSO VISUAL TENHA UM PROPÓSITO CLARO E ESPECÍFICO.

Possivelmente, nas primeiras fases, a equipe pode vir a pensar que vale a máxima *"vamos apenas materializar um pouco essa ideia e ver o que acontece" (just do it)*. Segundo Reis (2014), infelizmente, se o plano for *"ver o que acontece"*, a equipe vai garantidamente ter sucesso em ver o que acontece, mas pode não adquirir necessariamente uma aprendizagem validada.

Permito-me fazer aqui uma adequação ao texto de Reis (2014 p.52) sobre startups enxutas: da mesma forma que a experimentação científica é permeada pela teoria, a experimentação em projetos (prototipação e testes) deve ser orientada para o desenvolvimento de projetos mais consistentes[8].

COMO A CIÊNCIA PODE AUXILIAR O DESENVOLVIMENTO DE PROJETOS

Para aumentar as chances de sucesso no Processo de Desenvolvimento de Projetos é preciso aprender e se acostumar a testar, medir e avaliar os resultados constantemente. A ciência defende que quando um fenômeno é corretamente medido torna-se mais fácil entendê-lo. A validação de uma hipótese científica passa por métodos de coleta, testes, medições e análises. Além de muita desconfiança, antes de se chegar às conclusões – que podem e devem ser refutadas, se for o caso.

Portanto, quando alguém da equipe falar em muitos, questione exatamente quantos. Quando falarem que todos concordam ou discordam, pergunte exatamente quem. Quando falarem que é significativo ou insignificante, pergunte com base em quê. Quando falarem que é grande, questione o tamanho exato. Pois o que pode ser medido pode ser melhorado.

> **SEM DADOS, VOCÊ É APENAS MAIS UMA PESSOA COM UMA OPINIÃO.**
>
> *- W. Edwards Demming*

NOTA:

[8] Reis (2014 p.52) faz um paralelo com a experimentação científica ao versar sobre a experimentação de uma startup enxuta, algo muito aplicado ao contexto projetual.

Trabalhando com dados e medidas, você passará a ter maior domínio sobre a realidade do projeto e do processo. Após validar, caso não tenha motivos para desconfiar das conclusões, não tenha medo de mudar o modelo, o processo ou o projeto. Quanto mais cedo ajustar o curso do barco, melhor. Se porventura tomar uma decisão equivocada, registre e compartilhe o fato com a equipe assim que perceber, para que todos possam aprender com o erro.

DEVO APENAS CONFIAR NA LÓGICA?

Reunir equipes e pessoas que consigam combinar razão e emoção, precisão e intuição etc. pode ser o caminho para um desenvolvimento de projeto mais inovador, consistente, ágil e enxuto.

> "A IMAGINAÇÃO É MAIS IMPORTANTE QUE O CONHECIMENTO. O CONHECIMENTO É LIMITADO. A IMAGINAÇÃO CIRCUNDA O MUNDO.
>
> *- Albert Einstein*

Ao incluir emoção e intuição, tende-se a entender melhor o problema e humanizar a solução. Assim, pode-se perceber oportunidades, potencialidades e fragilidades que dados estatísticos sozinhos usualmente não elucidariam. Portanto, apoiar-se na criatividade para interpretar e solucionar fenômenos anunciados pelos dados pode melhorar tanto o projeto e o produto como os processos e os modelos. O método estimula a criatividade e a inovação, mas o lampejo criativo depende de uma intuição.

Em um experimento comparativo sobre a influência dos métodos para a geração de soluções, Chuvi et al. (2013) chegaram à conclusão de que a não utilização de métodos produz soluções menos inovadoras.

O ser humano tem como capacidade natural categorizar conteúdos por meio da visualização. Segundo Aguilar et al. (2017), somos capazes de assimilar quase instantaneamente e sem esforço uma grande quantidade de dados, informações e conhecimento graficamente. Segundo Roan (2010), a visão representa 80% da nossa percepção capturada por meio dos sentidos (visão, audição, paladar, tato e olfato).

David Somerville propõe uma representação visual que nos ajuda a entender o processo de transformação de dados e endossa essas constatações apresentadas por Chuvi et al. (2013). Além da finalidade didática, tal representação mostra-se ainda mais interessante por sugerir que, após esse processo de percepção, catalogação e conexão, que transforma dados em informação e informação em conhecimento, torna-se possível gerar insights. Os insights, ou lampejos criativos, são fatores cruciais para a inovação em projetos. E tudo isso pode ser estimulado por meio da visão (lembre-se que a visão representa 80% do que percebemos através dos sentidos).

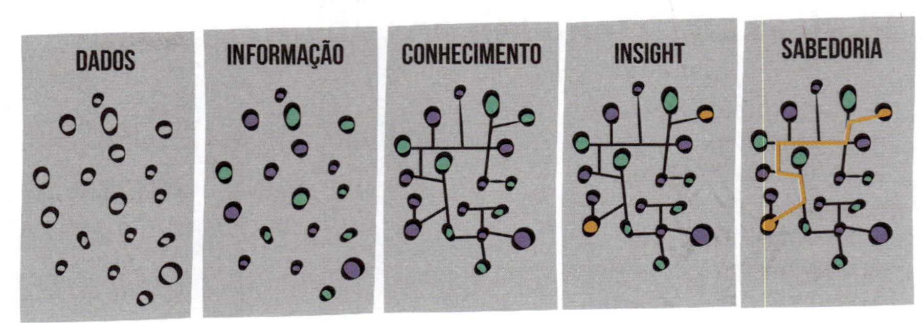

Fonte: Adaptado de David Somerville.

Para mostrar como é simples iniciar esse tipo de prática mais visual, sugiro o seguinte: experimente mostrar para alguém como chegar em um lugar traçando um caminho sobre um mapa que você mesmo desenhou. Caso o receptor tenha dúvidas, perceba que ele apontará para o papel com a finalidade de checar se ele entendeu o trajeto. E, provavelmente, caso tenha em mente uma outra possibilidade de trajeto, ele pegará sua caneta e traçará um novo caminho para verificar com você se tal trajeto é viável. Ou seja, nossa tendência é responder visualmente quando somos estimulados de forma visual.

Este capítulo pretende lhe dar algumas dicas sobre como visualizar e utilizar informações de forma criativa e intuitiva para promover a imaginação e a inovação no ambiente de projetos. Por isso, convidei alguns especialistas para incrementar o conteúdo, espero que você goste!

REFERÊNCIAS CITADAS NO TÓPICO:

AGUILAR et. al. **Visualização de dados, informação e conhecimento.** Florianópolis: Ed. UFSC, 2017.

CHUVI, V et al. Influence of the type of idea-generation method on the creativity of solutions. **Research in Engineering**, Springer. London p. 24- 33, 41 2013.

REIS, E. **A Startup Enxuta:** como os empreendedores atuais utilizam inovação contínua para criar empresas extremamente bem-sucedidas. São Paulo: Leya, 2014. 288 p.

ROAN, D. **Desenhando negócios:** como desenvolver ideias com o pensamento visual. Rio de Janeiro: Elsevier, 2012.

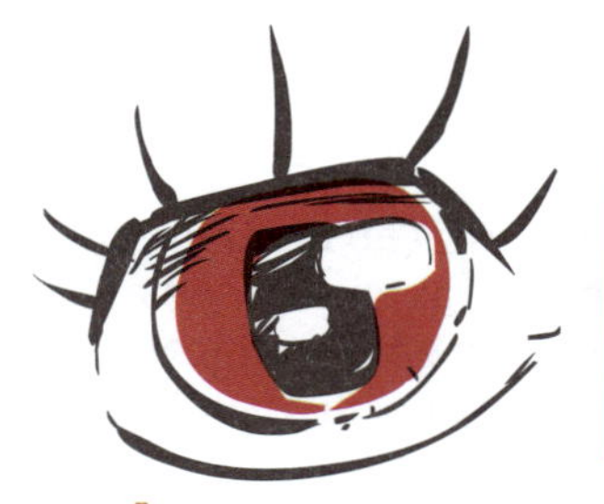

UMA INTRODUÇÃO À VISUALIZAÇÃO

Faz-se importante destacar que quando uma organização cultiva a confiança e fomenta o compartilhamento de informações de forma visual e criativa, ela acaba por encorajar o desenvolvimento do conhecimento e da aprendizagem contínua. Veja a seguir o que os autores deste tópico propõem a respeito da aplicação destes princípios na ciência e nos negócios.

AUTORES DO TÓPICO

Os autores atuam na Mind the Graph, uma empresa que oferece soluções de representação visual para pesquisadores científicos. Este tópico escrito por eles pode ajudá-lo a entender o valor da visualização para as pessoas, seja na ciência, seja na educação, em projetos e onde mais você imaginar!

Luis Renato do Nascimento

- Mestre em Design e graduado em Desenho Industrial pela Universidade Estatual Paulista.
- Ilustrador e Infografista para a Mind the Graph.

luisrenatodonascimento@gmail.com

Juliana Resende Costa

- Mestre em Biodiversidade Animal e graduada em Ciências Biológicas pela Universidade Federal de Santa Maria.
- Estrategista de Conteúdo para a Mind the Graph.

julianaresendecosta@gmail.com

ORIGENS DA VISUALIZAÇÃO

A visualização de informação é uma forma de representação bastante utilizada atualmente e que tem suas origens ligadas às expressões visuais da antiguidade, como as pinturas nas cavernas, em cerâmicas ou inscrições em pedra. Um bom registro histórico sobre a visualização de informação foi apresentado por Friendly e Denis (2006), da Universidade de York, Canadá[9], com exemplos ilustrando o surgimento e o desenvolvimento de diversas formas de visualização de informações. Entre eles, pode-se destacar os mapas do mundo:

550 a.C. O primeiro mapa do mundo
Fonte: Friendly e Denis, 2006.

Mapa do mundo de Rumold Mercator (1545-1599).
Fonte: Friendly e Denis, 2006.

Os mapas do mundo são clássicos exemplos da necessidade de representar graficamente locais ou regiões geográficas para orientação do homem em seus deslocamentos sobre a Terra.

Essa necessidade de entendimento sempre existiu em diferentes áreas, e as técnicas de representações gráficas sempre foram úteis para dar luz e entendimento a determinado assunto. Além disso, essas formas de representação também possibilitaram novas interpretações, reflexões e trocas de conhecimento entre pessoas.

NOTA:

[9] *Para conhecer o material na íntegra, acesse: http://www.math.yorku.ca/SCS/Gallery/milestone/Visualization_Milestones.pdf. Os autores citados também apresentam neste link: http://www.datavis.ca/milestones/ uma linha do tempo dinâmica sobre os principais marcos históricos na área de visualização de dados. Vale a pena conferir.*

Leonardo da Vinci utilizou muitos desenhos, esquemas e anotações para explicar o funcionamento de invenções, máquinas e até do corpo humano.

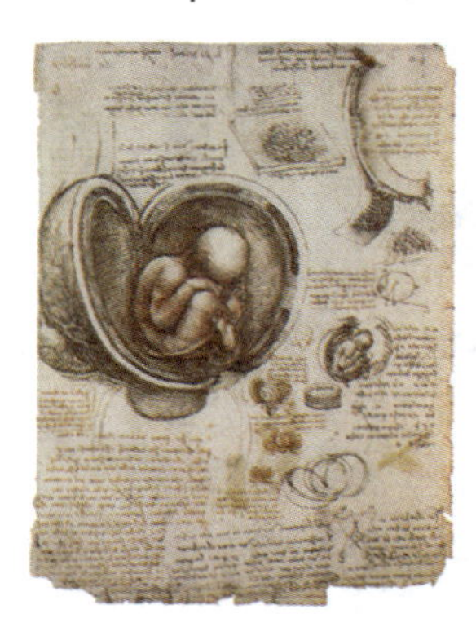

Estudos sobre embriologia humana de Leonardo da Vinci. Fonte: Keele, 1983.

Além desses exemplos, pode-se destacar alguns usos em publicações científicas:

- **1820** – Publicações científicas começam a contar com gráficos e diagramas. Desenho de Michael Faraday (1791-1867), Inglaterra.

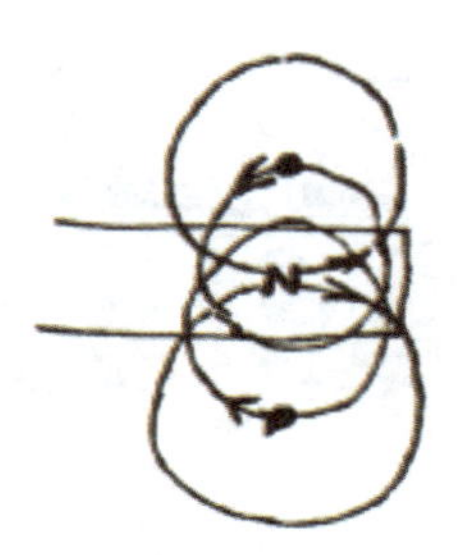

Fonte: Friendly e Denis, 2006.

ESTUDOS COMPROVAM QUE A REPRESENTAÇÃO VISUAL TAMBÉM É MAIS EFETIVA PARA A CIÊNCIA

A revista The Economist publicou, em junho de 2016, que artigos que possuem gráficos tendem a ser muito mais citados (cerca de 60% são citados) e artigos com diagramas chegam a até 120%. Com esse levantamento de dados, uma equipe de pesquisadores da Universidade de Washington, em Seattle, decidiu fazer um website de buscas por imagens científicas. De acordo com esses pesquisadores, a busca por resumos gráficos pode favorecer combinações de ideias e novas teorias.

Outro exemplo do uso da informação visual na ciência foi o caso do artigo de Sanchis-Segura e Spanagel (2006), no qual os autores utilizam histórias em quadrinhos para apresentar os experimentos feitos com camundongos em laboratório. Esse artigo teve mais de 160 citações, enquanto que seus artigos publicados no mesmo ano, mas sem esse recurso visual, não passaram de 50 citações.

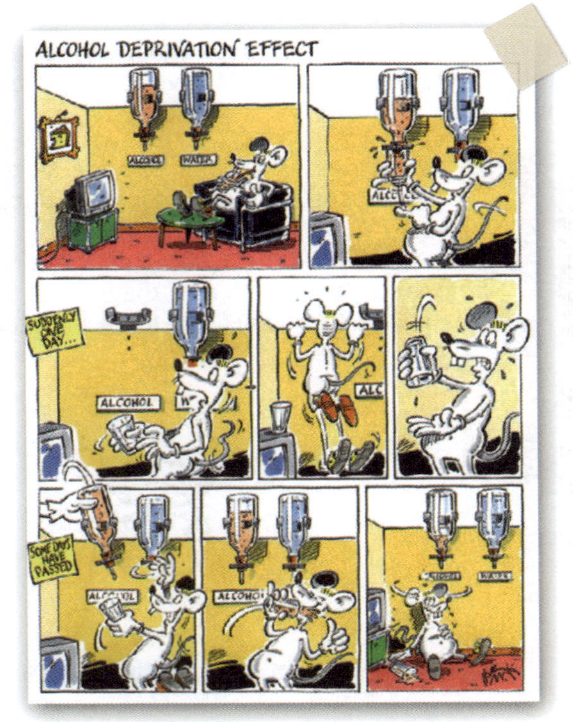

Uso da linguagem de quadrinhos para ilustrar procedimento realizado em laboratório. Fonte: Sanchis-Segura e Spanagel (2006).

Porém, esse artigo não foi um fato isolado. Com base em um estudo de 1981 (ALEXANDER et al., 1981), "Ratolândia" rendeu histórias em quadrinhos e vídeos que ilustram o vício em morfina de uma forma inovadora, que questiona a sociedade até hoje.

Ter artigos científicos mais interativos e visuais não é somente uma abordagem de alguns autores. Grandes revistas e canais de comunicação científica já sentiram a necessidade de mudar de formato. No website da Elsevier, é possível encontrar referências de resumos gráficos (extremamente simples e funcionais, veja figura a seguir). Além disso, a página oferece instruções para autores que desejam ter resumos gráficos de suas pesquisas publicadas na plataforma da Elsevier.

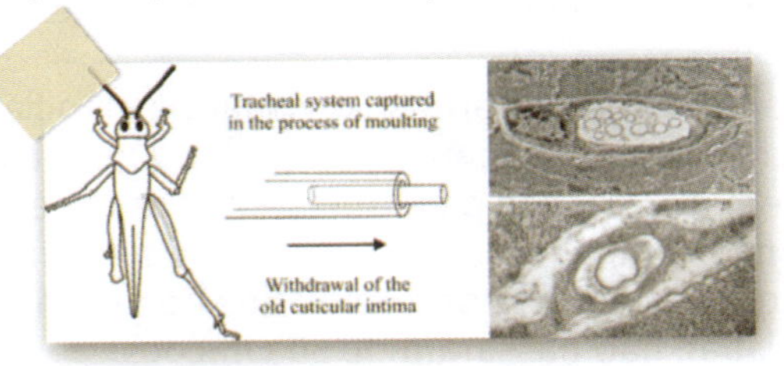

Snelling et al. 2011. Resumos Gráficos exemplificados no website da Elsevier (https://www.elsevier.com/authors/journal-authors/graphical-abstract).

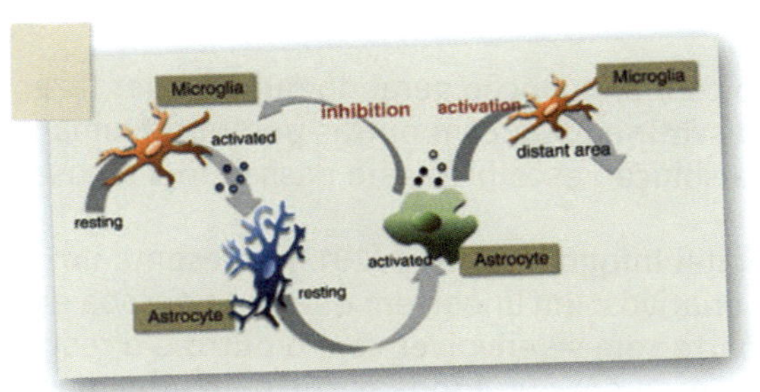

Saravanakumar et al. 2009. Resumos Gráficos exemplificados no website da Elsevier (https://www.elsevier.com/authors/journal-authors/graphical-abstract).

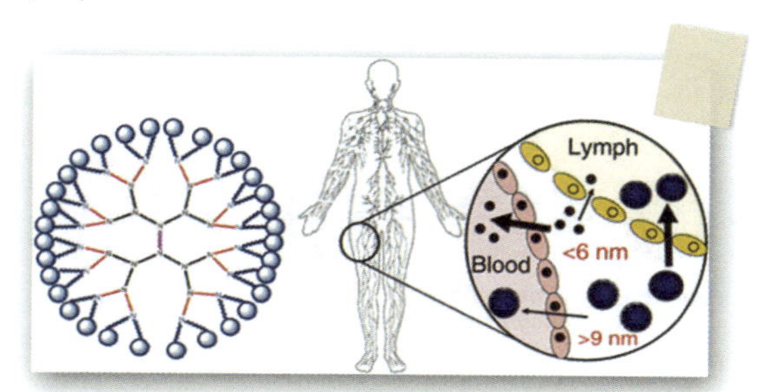

Liu et al. 2011. Resumos Gráficos exemplificados no website da Elsevier (https://www.elsevier.com/authors/journal-authors/graphical-abstract).

Ainda mais popular, a revista Nature divulga resumos gráficos em mídias sociais de alto fluxo a fim de divulgar visualmente a pesquisa científica.

Cada vez mais na ciência, infográficos estão sendo usados para quebrar e simplificar mensagens complexas. "A ciência é um campo em que a infografia é particularmente útil e poderosa, porque há tanto drama, mas muitas vezes está escondido dos olhos humanos ou é difícil de compreender", diz Gareth Cook, jornalista científico premiado com o Pulitzer e editor da série Best American Infographics. Da mesma forma, Jen Christiansen, diretor de arte de gráficos de informação da Scientific American, acredita que a infografia na ciência é uma maneira envolvente de atrair um público amplo e não especializado.

DICAS PARA FAZER SEU INFOGRÁFICO

Antes de começar a representar algo visualmente, é importante ter clareza da informação que se quer passar. Recursos visuais devem ser utilizados para ajudar no entendimento, e não simplesmente para enfeitar a informação. "O importante é que se defina o quanto antes qual história o infográfico vai mostrar, quais informações ele precisa ter. Definido o conteúdo, deve-se escolher de que forma visual essas informações serão transmitidas, ou seja, como esse conteúdo vai ser apresentado ao leitor". (KANNO, 2013)

Um esboço com uma noção geral do que se quer fazer é muito útil, inclusive para discutir a ideia com outras pessoas. É uma maneira rápida para avaliar se a solução escolhida está passando a mensagem ou não.

No livro digital Infografe, Kanno (2013) apresenta um comparativo de dois processos criativos: um linear, em que cada pessoa envolvida no processo faz a sua parte sem se envolver com o outro e o resultado torna-se fraco; e outro processo em que todos participam ativamente, dando sugestões e tomando decisões em conjunto, e o resultado tende a ser muito melhor.

PROCESSO LINEAR

Prioriza o texto, acredita que só ele contém e transmite informação. Funciona como uma linha de montagem.

PROCESSO EM CONJUNTO

Prioriza o trabalho em equipe. Entende as funções de foto, texto e infografia.

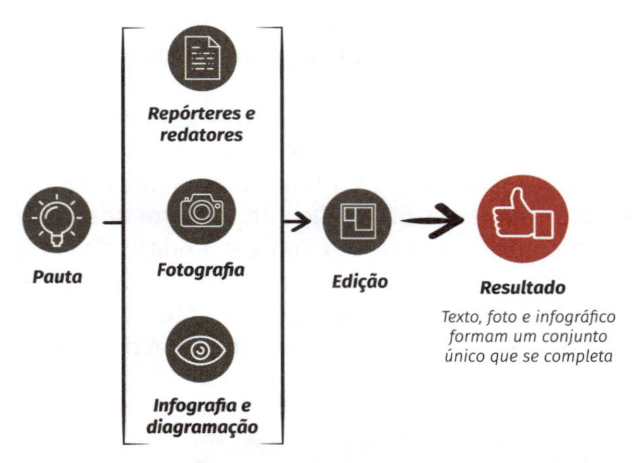

Comparação de dois processos na produção de infográfico.
Fonte: Adaptado de Kanno (2013).

Também é muito útil não tentar explicar tudo sobre tudo, em vez disso, tentar interpretar e simplificar a informação, dividir em blocos menores e manter um foco sobre o que é mais importante. Os detalhes ficam para o final.

Lembre-se: tudo é informação, cores, formas, textos, números, tudo transmite alguma informação, mesmo que inconscientemente, por isso, trabalhe com poucos elementos e vá adicionando aos poucos e com critério. Muitas vezes MENOS elementos comunicam MELHOR.

TIPOS DE INFOGRÁFICO

Existem várias classificações de tipos de infográfico, que apresentam diferentes soluções para cada tipo de informação. No livro digital Infografe (KANNO, 2013) encontra-se uma tabela com algumas das narrativas mais usadas em infográficos para o meio editorial.

ARTES – TEXTO	
Cronologia	*Mostra as datas mais importantes.*
Dicas	*Reúne instruções úteis ao leitor.*
Score (número destacado)	*Quando um número é a principal informação.*
Fac-símile	*Reprodução de um ou mais documentos que sejam relevantes para a matéria.*
Ficha	*Concentra as principais características do "personagem" (pessoa, pais, empresa etc.).*
Frases	*Opiniões sobre um assunto.*
Glossário	*Traz o significado de alguns termos "difíceis", mas imprescindíveis à reportagem.*
Lista/Ranking	*Organiza informações em tópicos.*
Para entender/ Resumo	*Reúne "quem, quando, onde e por quê", colocando o leitor em dia com a reportagem.*
Perguntas e repostas	*Usa o estilo de entrevista para esclarecer dúvidas ou discursar sobre um assunto.*
Próximos passos	*Indica como o assunto deve se desenvolver.*
Sobe-desce	*Associa valor – ganhou, perdeu, ficou igual – para pessoas, partidos, investimentos etc.*
Tabela	*Montagem de texto ou números em colunas paralelas associando uma coluna à outra.*
Testes	*Forma interativa de transmistir informações.*

Tipos de infográfico. Fonte: Kanno (2013).

MAPAS	
Mapa de localização	*Localiza geograficamente o assunto.*
Mapa de ação	*Explica mudanças ou movimentos geográficos.*
Mapa estatístico	*Usa cores ou sinais gráficos para mostrar a dispersão geográfica dos dados.*

GRÁFICOS	
Gráfico de linha	*Evolução de uma ou mais variáveis no tempo.*
Gráfico de barras	*Compara valores de uma ou mais categorias. Pode também mostrar evolução.*
Pizza/Queijo	*Permite mostrar como uma quantidade total (100%) se divide em diferentes categorias.*
Área	*Compara valores de uma ou mais categorias usando imagens proporcionais.*

DIAGRAMAS ILUSTRADOS	
Arte-foto	*Usa de uma ou mais fotos, que são manipuladas para evidenciar uma informação.*
Corte esquemático	*Mostra como o "personagem" é por dentro. Pode retratar um orgão, uma construção etc.*
Fluxograma/ Passo a passo	*Representação de acontecimentos ou processos.*
Organograma	*Define graficamente posições hierárquicas ou de relacionamento entre personagens.*
"Storyboard"	*Uso de quadrinhos para relato visual.*
Página infográfica	*Combina tipos de infografia para traduzir visualmente a reportagem.*

Tipos de infográfico. Fonte: Kanno (2013).

Uma das formas mais comumente utilizadas para apresentar informação visual é através de gráficos. Entretanto, cada tipo de gráfico exige dados distintos e também responde a perguntas diferentes. Dessa forma, antes de decidir qual gráfico usar, é necessário entender os dados coletados e o que você pretende responder com eles.

Existem quatro tipos básicos de gráficos: Comparação, Distribuição, Relação e Composição. Esses tipos são baseados na natureza dos dados. A figura a seguir mostra as premissas gerais para cada tipo.

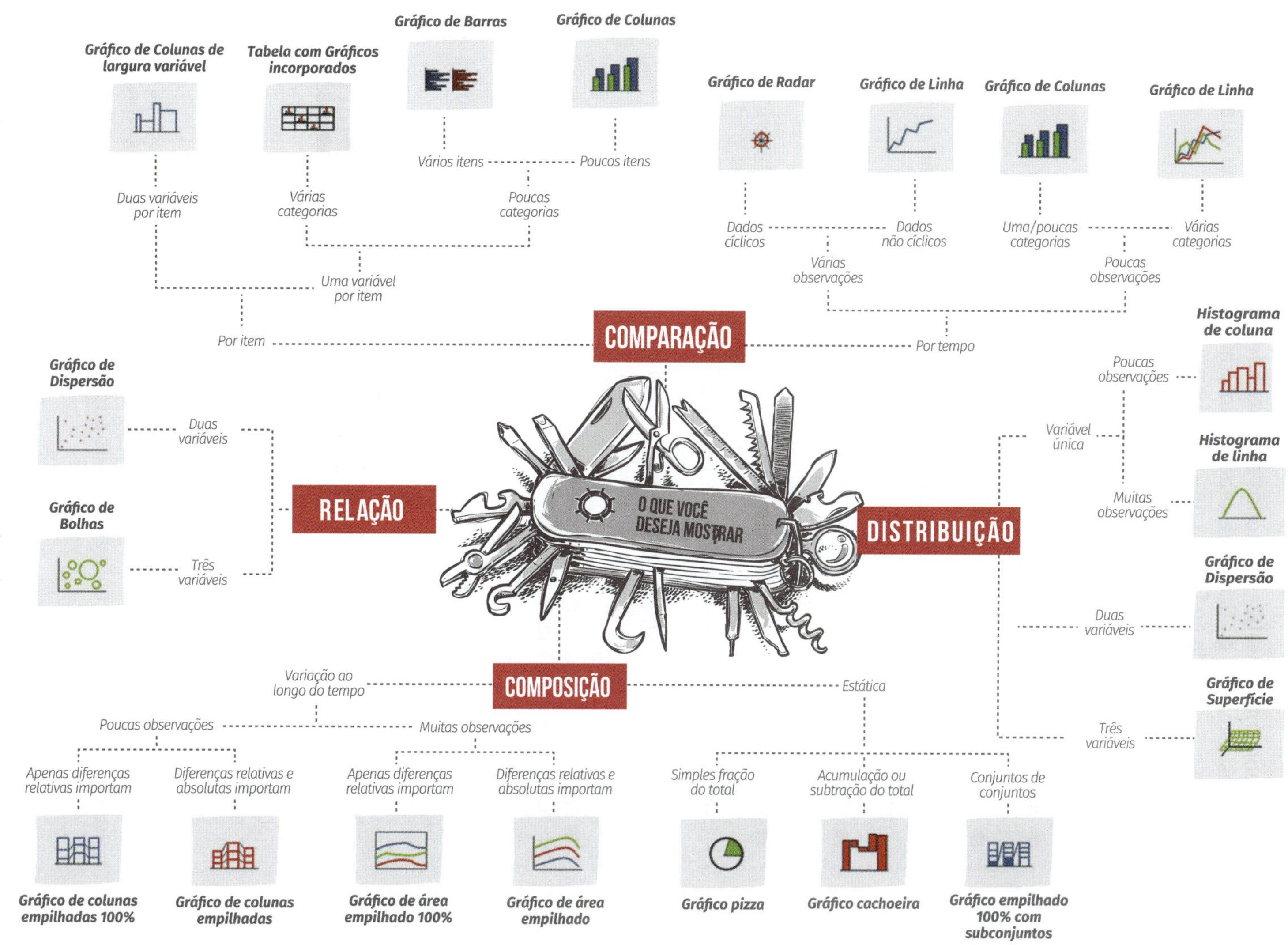

Fonte: Adaptado de IBPAD (2016).

É importante ressaltar que todas as partes de um artigo devem ser relevantes. Ou seja, gráficos que repetem informações escritas ou que não acrescentam nada ao foco da pesquisa devem ser evitados.

Um checklist rápido antes de adicionar qualquer gráfico à pesquisa. O gráfico precisa ser:

- ***necessário:*** ele faz diferença na compreensão da pesquisa;
- ***autoexplicativo:*** não precisa de texto para complementar a ideia central;
- ***fácil de entender:*** um gráfico deve ajudar a compreensão, e não torná-la ainda mais difícil;
- ***consistente com as descobertas da pesquisa:*** sem dados que contradizem os resultados apresentados no texto;
- ***simples e em preto e branco:*** impressão ou publicação em algumas revistas não permitem cores – gráficos coloridos podem perder parte da informação quando convertidos para preto e branco;
- ***claro: menos é mais:*** informações que não compõem uma mesma questão devem ser separadas em mais de um gráfico;
- ***legendado:*** a legenda deve complementar as informações no gráfico de forma a tornar mais fácil a sua compreensão.

Garantindo esses pontos, o artigo será visualmente agradável e funcional, o que facilita a leitura e compreensão do trabalho.

UM CASO PRÁTICO DE VISUALIZAÇÃO NA CIÊNCIA

Um resumo gráfico pode fazer toda a diferença na divulgação científica. Ele tem o poder de garantir um alto alcance por compartilhamento, mas também garante que a informação será passada de forma simples e correta.

Em 2016, muitos estudos sobre o Zika vírus foram conduzidos por causa da epidemia que se alastrou em vários países. Compartilhar novas descobertas e, por fim, trazer segurança às populações afetadas era necessário.

Foi assim que Garcez et al. (2016) publicaram na revista Science um artigo científico sobre microcefalia, que contava com um resumo gráfico para ajudar a contar a história. A figura foi compartilhada em diversas redes sociais, como Facebook e Twitter, fazendo com que a pesquisa ficasse ainda mais conhecida.

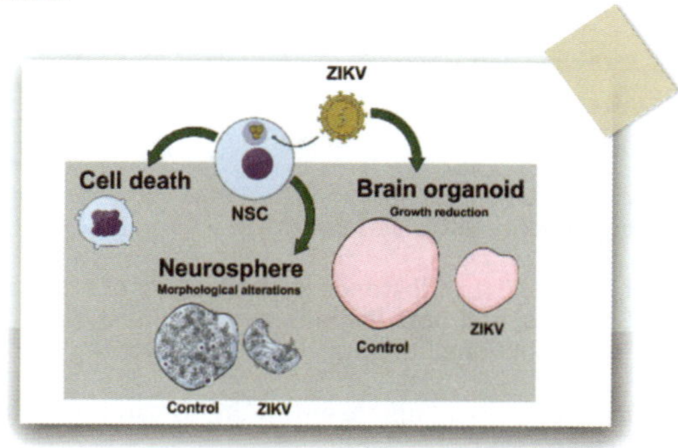

Fonte: Garcez et al. (2016).

Como o exemplo anterior, um infográfico deve buscar o equilíbrio entre elementos que explicam a pesquisa e informações relevantes que apoiam o contexto. Setas e legendas complementam as ilustrações ao contar uma história. O resumo gráfico deve facilitar a comunicação, e não complicar. Por isso, a pergunta mais importante na construção de um resumo gráfico é: esse elemento realmente é essencial para a compreensão do leitor?

A comunicação científica exige equilíbrio. É preciso estar consciente de que ilustrações e figuras têm o propósito de levar a informação de forma mais simples, deve-se considerar sempre a funcionalidade.

Para tanto, é importante que cientistas tenham consciência da sua responsabilidade como comunicadores e busquem formas de explorar isso. A maioria das ferramentas de comunicação gráfica não foi criada pensando em leigos. Dessa forma, cientistas normalmente contam com o serviço de designers para transformar suas pesquisas visualmente. O problema disso é que, da mesma forma que cientistas não entendem sobre comunicação visual, designers muitas vezes não entendem pesquisas científicas – já podemos imaginar um resultado abaixo das expectativas.

A solução para essa situação são ferramentas gráficas pensadas em públicos diferentes e feitas por cientistas para cientistas, o que significa um maior entendimento e empatia pelas necessidades do mundo científico (e.g. Mind the Graph). Dessa forma, o objetivo de aproximar ciência e comunicação está em empoderar o cientista. Ou seja, ajudar o cientista a montar resumos gráficos e infográficos científicos com as ferramentas intuitivas e de fácil acesso, e assim divulgar a sua pesquisa.

Com o avanço da comunicação, a ciência não pode se dar ao luxo de ficar para trás. É preciso ser mais eficiente e acessível ao transmitir conteúdo. O que esquecemos muitas vezes é que pesquisas científicas têm o intuito de informar. Para tanto, é fundamental pensar em como expor pesquisas científicas.

REFERÊNCIAS CITADAS NO TÓPICO:

ALEXANDER, B. K., BEYERSTEIN, B. L., HADAWAY, P. F., and COAMBS, R. B., 1981. Effect of early and later colony housing on oral ingestion of morphine in rats. **Pharmacology Biochemistry and Behavior**, v. 15, 4: 571–576.

FRIENDLY, M.; DENIS, D. J. **Milestones in the History of Thematic Cartography, Statistical Graphics, and Data Visualization:** An Illustrated Chronology of Innovations. Statistical Consulting Service, York University: Canada, 2006.

GARCEZ P. et al. Zika virus impairs growth in human neurospheres and brain organoids. **Science**, 2016. v. 352, 816-818.

INSTITUTO BRASILEIRO DE PESQUISA E ANÁLISE DE DADOS (IBPAD). **Análise de dados: qual é o gráfico mais adequado?** Brasil, 2016. Disponível em: <http://www.ibpad.com.br/blog/analise-de-dados/qual-e-o-grafico-mais-adequado/>. Acesso em: 28 mar. 2017.

KANNO, M. **Infografe:** Como e por que usar infográficos para criar visualizações
e comunicar de forma imediata e eficiente. Infolide: São Paulo, 2013. Disponível em: http://www.infolide.com/2013/08/infografe-o-novo-livro-de-infografia-de.html. Acesso em: 25 de fev. 2017.

KEELE, K. D.; ROBERTS, J. **Leonardo da Vinci:** Anatomical Drawings, from the Royal Library Windsor Castle. The Metropolitan Museum of Art: New York, 1983.

LIU W., TANG Y., FENG J., 2011. Cross talk between activation of microglia and astrocytes in pathological conditions in the central nervous system. **Life Sciences**, 2011. v. 89, 141-146.

SANCHIS-SEGURA, C.; SPANAGEL, R. Behavioural assessment of drug reinforcement and addictive features in rodents: an overview. **Addiction Biology**, 2006. v. 11, 2–38.

SNELLING E. P., SEYMOUR R. S., RUNCIMAN S. R., 2011. Moulting of insect tracheae captured by light and electron-microscopy in the metathoracic femur of a third instar locust Locusta migratoria. **Journal of Insect Physiology**, 2011. v. 57, 1312-1316.

THE ECONOMIST. **Graphic details:** A scientific study of the importance of diagrams to science. Estados Unidos da América, 2016. Disponível em: <http://www.economist.com/news/science-and-technology/21700617-scientific-study-importance-diagrams-science-graphic-details> Acesso em: 28 mar. 2017.

NAVEGANDO POR MAPAS

Designers, arquitetos e engenheiros não foram os únicos a dar contribuições à gestão. Tampouco o ato de pensar e representar visualmente foi atividade de uma única área do conhecimento. Ao contrário, sempre foi recurso das ciências sociais, econômicas, biológicas, exatas etc. Contudo, por cuidar de interfaces, o design e demais áreas afins apresentam formas interessantes de organizar e planificar a informação e o pensamento para facilitar a forma de interação. Vamos ver algumas nos próximos tópicos.

AUTORES DO TÓPICO

Adilson Luiz Pinto

- Biblioteconomista, mestre em Ciência da Informação e doutor em Documentacíon.
- Professor do Departamento de Ciência da Informação – UFSC

adilson.pinto@ufsc.br

Júlio Monteiro Teixeira

- Designer Gráfico, mestre em Gestão de Design e doutor em Engenharia de Produção.
- Professor do curso de Design – *UFSC*

julio.teixeira@ufsc.br

O historiador e biógrafo Paul Johnson comenta no livro *Darwin: retrato de um gênio* que:

"Darwin também falhou ao adquirir, e ele mesmo admite, qualquer habilidade como desenhista, embora tenha tido várias oportunidades, isso mais tarde dificultou a produção de diagramas efetivos em seus trabalhos ou ilustrações visuais para organizar temas difíceis de serem descritos com palavras."

Ou seja, Charles Darwin já reconhecia o poder da visualização para a ciência no início do século XIX. Portanto, não subestime o poder da representação visual em projetos, negócios, ensino ou na aprendizagem, e principalmente, aprenda a pensar visualmente!

PRIMEIRO, TREINE A SUA VISÃO

Nota de esclarecimento:

Estes próximos tópicos são de nivelamento. A abordagem aqui é sobre visualização de informações. Depois, ensinaremos você a usar isso no processamento de informações e em projetos.

APRENDENDO A PENSAR VISUALMENTE

(O PENSAMENTO VISUAL POR MEIO DE MAPAS)

Representar e assimilar visualmente informações envolve tanto desenvolvimento de aptidão para criar imagens como treino para interpretá-las, e não importa a natureza do problema, se conseguimos imaginá-lo, somos capazes de desenhá-lo. Além de facilitar o entendimento e a tomada de decisões, com o tempo, quando estimuladas, pessoas tendem a começar a pensar mais visualmente. Perceba que, quando fizer um desenho para esclarecer algo, na maioria das vezes, as pessoas vão desenhar algo em resposta.

Como foi dito antes, pensar visualmente é como "prototipar ideias". Facilita a organização de conceitos, percepção de fraquezas, a identificação de oportunidades, melhorias e também a compartilhar *insights*, de forma que os outros possam identificar padrões ou contribuir com a solução. Se uma alternativa não faz sentido nem visualmente, provavelmente ela ainda é fraca como solução, e o desenho é um passo importante para fortalecê-la. Além disso, prototipar ideias é uma das maneiras mais eficazes de enxergar possibilidades ocultas dentro da solução.

O PROCESSO DE APRENDIZAGEM VISUAL

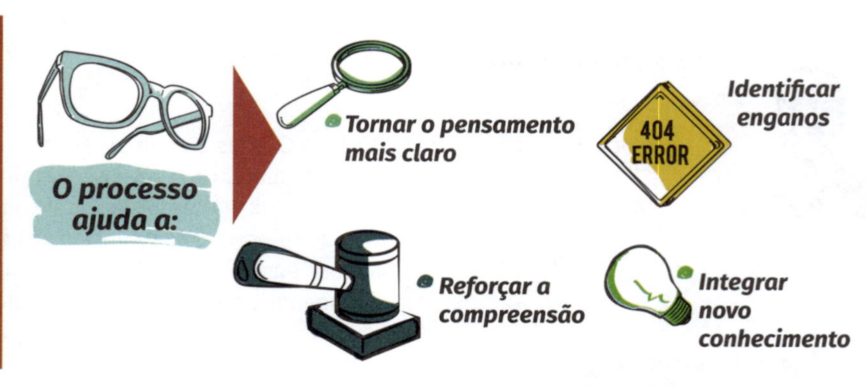

Algumas formas de pensar visualmente são reconhecidas e bastante difundidas na atualidade, vamos mostrar algumas delas aqui. Mas, calma, aos poucos todos nós encontramos formas próprias de organizar o pensamento de forma visual.

GUIA PARA MODELOS MENTAIS

1. ESTÁTICOS	2. MECÂNICOS	3. AUTORREGULAMENTADOS	4. AUTORREPRODUTIVOS	5. AUTORREGULAMENTADOS	6. AUTOMOVIMENTADOS	7. AUTORREFLEXIVOS
Estruturas	***O relógio anda***	***Sistemas cibernéticos***	***Células***	***Plantas/ árvores***	***Animais***	***Seres humanos***
As partes se conectam.	*As partes se conectam e se **movem.***	*As partes se conectam, se movem e se **adaptam.***	*As partes se conectam, se movem, se adaptam e se **reproduzem.***	*As partes se conectam, se movem, se adaptam, se reproduzem e **crescem.***	*As partes se conectam, se movem, se adaptam, se reproduzem, crescem e se **movem sozinhas.***	*As partes se conectam, se movem, se adaptam, se reproduzem, crescem, se movem sozinhas e são **conscientes.***
Inclui prédios, andaimes, pontes, bancos e estruturas estáticas de todos os tipos.	*Inclui relógios, motores, carros, aviões, barcos e máquinas mecânicas de todos os tipos.*	*Inclui termostatos, reguladores, sistemas de computadores e softwares inteligentes.*	*Inclui células vivas, vírus e plantas unicelulares*	*Inclui flores, vegetais, arbustos, árvores e ecossistemas de plantas*	*Inclui pássaros, mamíferos, insetos e peixes*	*Inclui famílias, gangues, equipes, organizações, comunidades e civilizações*

BAIXA ------------------------ COMPLEXIDADE ------------------------ ALTA

Fonte: Adaptado de Sibbet (2015, p. 204).

MAPAS, VARIAÇÕES DE USO E TERMINOLOGIAS

Os mapas nos permitem determinar uma estratégia de aquisição e representação do conhecimento. Eles se baseiam nas representações mentais, no encadeamento de conceitos, que resultam numa maneira de estabelecer os passos lógicos. São ativados quando se necessita agregar alguma informação ao contexto macro das ideias.

Alguns historiadores afirmaram que Napoleão tinha a capacidade de visualizar com grande clareza a situação militar que o confrontava e de determinar o curso de ação mais efetiva.

No entanto, todos nós podemos treinar nossa capacidade de visualização. A transição de padrões de ideias lineares no mundo faz com que o pensamento complexo passe por padrões hierárquicos e de relacionamento, que constroem a representação associativa das ideias, destacando as relações que o caracterizam.

Mapas trabalham com diversas relações que podem estabelecer as ideias ou fatos ocorridos. É através da ligação dessas palavras que ocorrem afirmações ou negações. Utilizando a categorização, podemos determinar as tipologias, inclusive, podemos dar a forma de uma estrutura para sua representação.

A árvore é uma metáfora iconográfica. As árvores aparecem e reaparecem ao longo da história humana para ilustrar quase todos os aspectos da vida. A complexidade da estrutura de uma árvore, com raízes, tronco, ramos e folhas, serviu como um símbolo ideal através dos tempos para visualizar e mapear hierarquias de conhecimentos e ideias. E é relativamente simples de fazer. Por exemplo, mesmo não sendo um grande ilustrador (como relatamos anteriormente), até onde se sabe, a primeira árvore filogenética foi idealizada por Charles Darwin para exemplificar a evolução das espécies.

Seguem algumas das representações mais comuns:

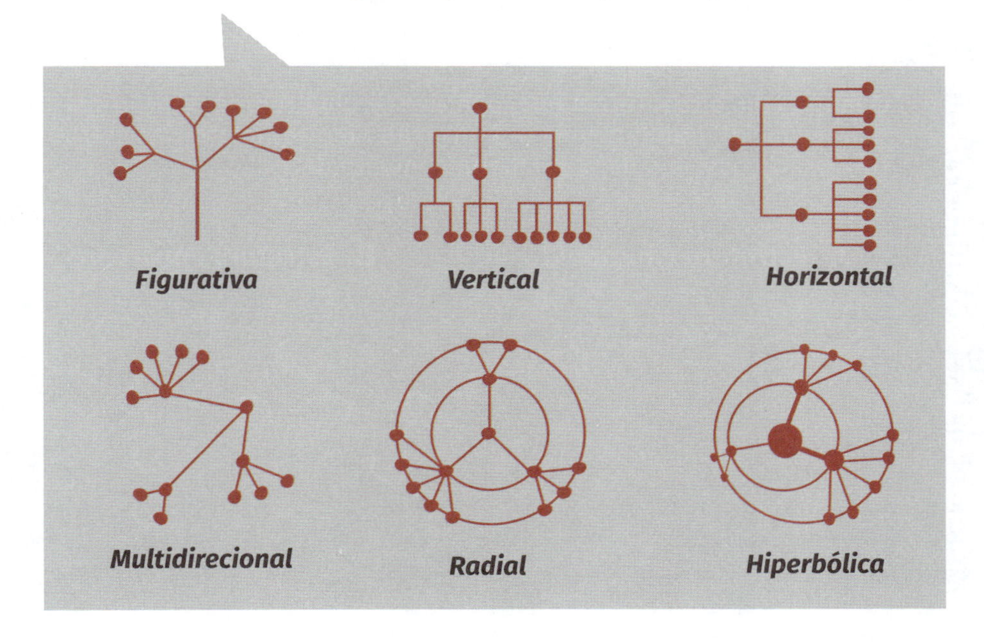

A evolução desse tipo de árvore se dá a partir da visualização da informação, que pode ser representada por infográficos ou mapas conceituais.

Esses infográficos são projetados para que seja fácil a sua compreensão sem necessidade grande de aprofundamento da matéria em um primeiro momento, e a ideia é criar metáforas amigáveis e simples para facilitar a visualização e a comunicação de algo conceitual, complexo ou mais teórico.

MAPAS CONCEITUAIS

O mapa conceitual é uma representação de informação ou conhecimento. Ele usa ícones ou links (ligações orientadas ou não) para a criação de propostas ou frases conceituais. Ou seja, as linhas orientadoras fazem com que os verbos e adjetivos se tornem mais significativos, gerando a criação de propostas de frases conceituais.

Para deixar isso um pouco mais claro, construímos a imagem a seguir, na qual é possível visualizar os principais elementos, fatos e pessoas que, de alguma, forma influenciaram no projeto deste livro.

O mapa conceitual (ou mapa cognitivo) é uma representação gráfica (espacial) que tem uma organização hierárquica. Várias estruturas são possíveis para um mapa conceitual:

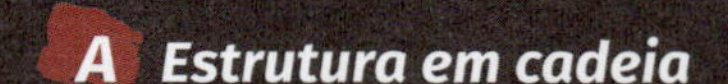

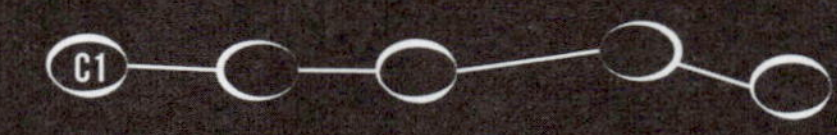

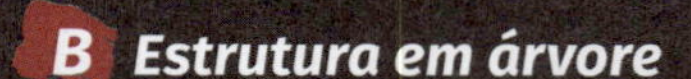

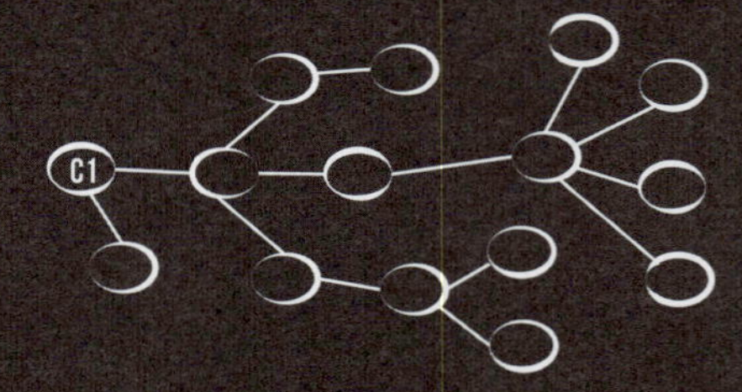

C Estrutura em floco de neve ou teia de aranha

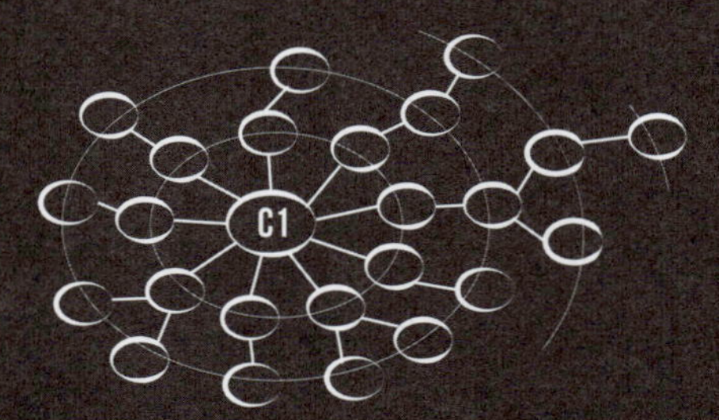

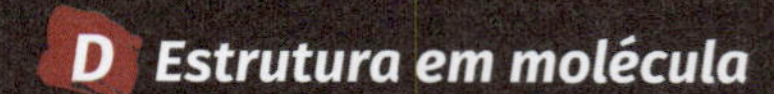

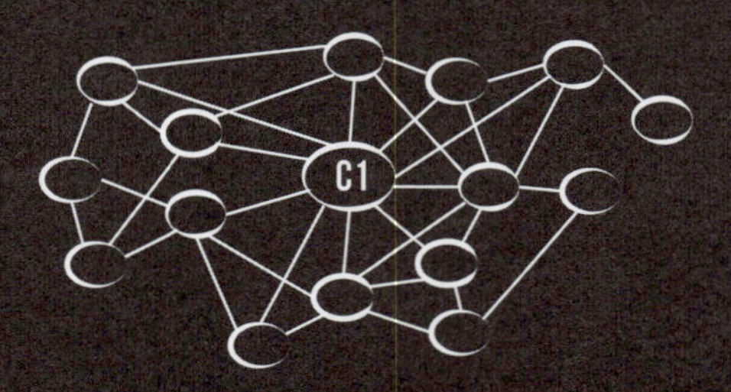

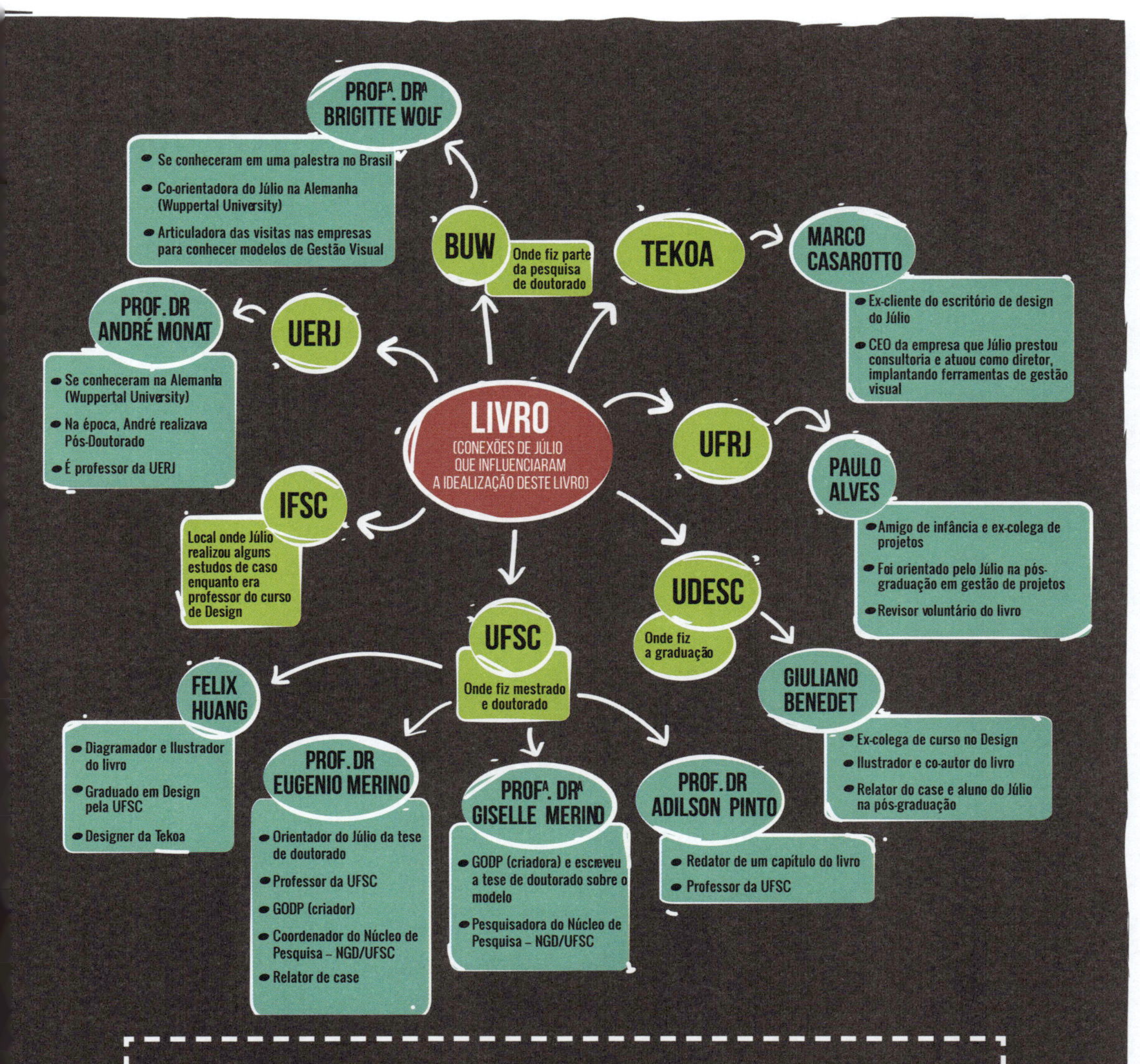

Categorização[10]: A categorização é uma atividade mental que envolve a colocação de um conjunto de objetos em diferentes categorias (classes, tipos etc.) com base em suas semelhanças ou critérios comuns. É um processo cognitivo fundamental na percepção e compreensão de conceitos e objetos, voltados para a tomada de decisões em todas as formas de interação com o meio ambiente. Categoria cognitiva é um conjunto de objetos considerados equivalentes de certo ponto de vista pelo indivíduo.

47

NOTA:

[10] É o processo no qual classificamos objetos, eventos, ações, percepções, emoções, relações espaciais e sociais, entidades abstratas e outros indivíduos. Sem essa capacidade de categorização, não poderíamos agir e responder a eventos, seja no mundo físico ou social.

MAPA CONCEITUAL. SAIBA COMO USAR O TERMO!

Em dezembro de 1990, apareceu uma edição especial do *Journal of Research in Science Teaching*, dedicado ao método de mapeamento de conceitos (*concept mapping*). Novak, o criador de mapas conceituais, e um de seus discípulos, Wandersee, propuseram em tal volume uma descrição do traçado técnico desses mapas e um inventário de seus usos. A publicação, assim, colocou à frente um velho clássico da didática e ciências da educação, que visava basear o conhecimento isolado de conceitos, pretendendo verificar como os rótulos mostravam suas inter-relações.

O termo "mapa conceitual", que já foi usado como sinônimo de outros antigos termos, como mapas de conhecimento, mapas semânticos, mapas cognitivos e mapas mentais, hoje se refere a uma técnica específica de representações gráficas em construção de redes, desenvolvida por Novak como parte de um projeto realizado na Universidade de Cornell.

Hoje, o mapa conceitual, preparado de acordo com o método de Novak, tornou-se uma representação gráfica do conhecimento, e provavelmente, é o mais conhecido e estudado no mundo. Essa popularidade é parcialmente explicada pela criação de várias ferramentas de software dedicadas à construção de mapas conceituais. Essas ferramentas têm características que os estilistas explicitamente chamam de "abordagem Novak", com base em contexto amigável, facilidade de uso e ferramentas gratuitas, como CMAPTools, que têm contribuído para o crescimento da comunidade de usuários no ambiente educacional dessa ferramenta.

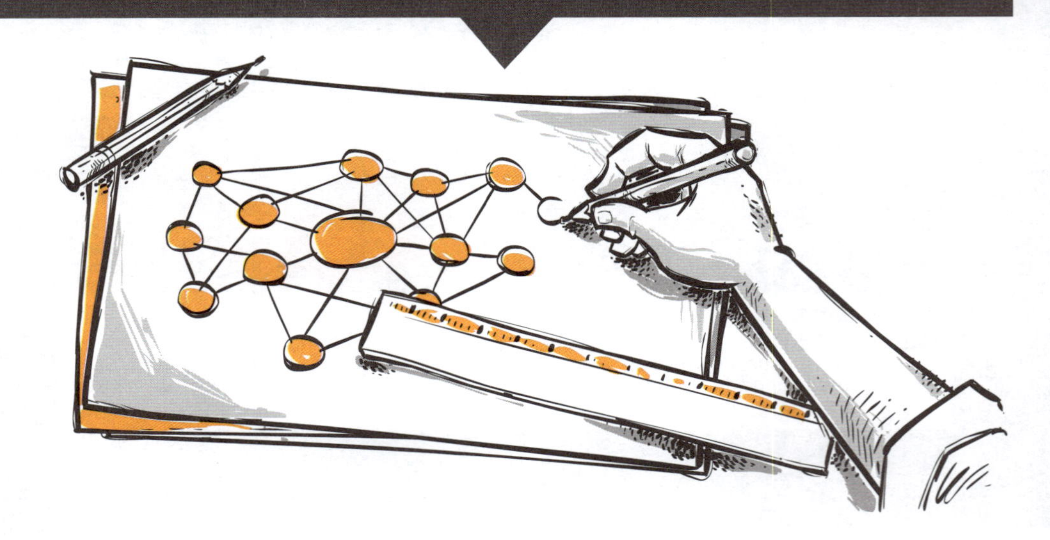

O mapa conceitual pode ser definido como uma representação de ideias através da qual o comunicador consegue destacar a complexidade das relações que caracteriza a sua divulgação para o mundo. Essa é a representação esquemática da organização dos termos e conceitos para visualizar o conhecimento de um domínio, revelando a sua complexidade. São esses relatórios da organização em rede de relações que sustentam a estrutura do conhecimento de um campo.

Outra vertente diz que esse tipo de mapa é uma representação de conceitos e relações entre eles, supostamente para simbolizar as estruturas de conhecimento, tais como os seres humanos acessando sua própria memória. Mapeamento é, portanto, uma forma de representar graficamente em duas dimensões, como as pessoas estruturam mentalmente a noção das coisas.

Especificamente, um mapa conceitual é confeccionado sob a forma de um gráfico, consistindo de nós marcados que representam conceitos e ligações, identificados ou não, que por sua vez representam as relações entre esses conceitos semânticos.

MAPAS MENTAIS

A técnica de mapas mentais de Tony Buzan possui regras específicas, mas seu método é empregado de maneira mais solta e intuitiva por grande parte das pessoas.

Buzan (1974) define ***mapa mental*** como:

> "UM LAYOUT GRÁFICO DO PENSAMENTO CRIATIVO. ELE PERMITE DESENVOLVER DIFERENTES ASPECTOS DESSE PENSAMENTO A PARTIR DE UM TEMA CENTRAL

Cada aspecto, representado por um ramo, é ligado ao nó central e pode conter expressões ou imagens que resumem o pensamento. Um mapa mental tem uma forma de estrela. Cada ideia é posicionada sobre um raio, que se estende a partir do conceito central e pode dar origem a outros ramos. Os links não são necessariamente explícitos. Os conceitos justapostos estão ligados apenas por linhas.

Relacionada a essa visão, existe a padronização desse esquema por Mind Mapping, técnica de representação gráfica de ideias, conceitos ou informações. O Mind Map, a partir de uma ideia central que irradia para outros dados, radia e forma uma estrutura em árvore. Muitas vezes, é decorado com cores, gráficos e vários símbolos.

Essa árvore é de estrutura hierárquica, formada por galhos que crescem em torno de um conceito central, sem necessariamente incidir sobre a natureza das relações entre os diferentes nós.

Um mapa mental (ou mapa de ideias) é um diagrama que pretende refletir o funcionamento do pensamento, representando visualmente o pensamento associativo, destacando as ligações entre um conceito ou uma ideia e as informações associadas a eles.

A própria estrutura de um mapa mental, ou mapa heurístico — como alguns autores preferem denominar —, é realmente um diagrama que mostra a organização de ligações semânticas entre diferentes ideias ou relações

Ao contrário do esquema conceitual, os mapas heurísticos oferecem uma representação em árvore de dados, imitando o progresso e o desenvolvimento do pensamento.

MAPAS COGNITIVOS

É uma representação gráfica mental que é possível se fazer de conjuntos de representações discursivas contidas por um sujeito de suas próprias representações cognitivas sobre determinado objeto.

O mapa cognitivo normalmente é construído para gerar opções para aprofundar o pensamento. ***A forma do mapa não está claramente definida***. Os conceitos não são necessariamente isolados, alguns blocos podem ser aplicados a proposições inteiras.

Agora que você conheceu alguns conceitos, vamos exercitar!

EXERCÍCIO: COMO FAZER UM MODELO DE MAPA CONCEITUAL

Primeiramente, pense em um tema, fato, pessoa ou objeto, preferencialmente que você já tenha em mente alguns itens relacionados, e a partir disso:

1. ***Faça uma listagem com os conceitos/tópicos mais relevantes, fazendo uma relação direta para que possam ser articulados de forma hierárquica;***

2. ***Escolha o tópico/conceito mais relevante (nível 1). Na sequência, eleja o conceito mais relevante entre todos e ele será central no mapa conceitual;***

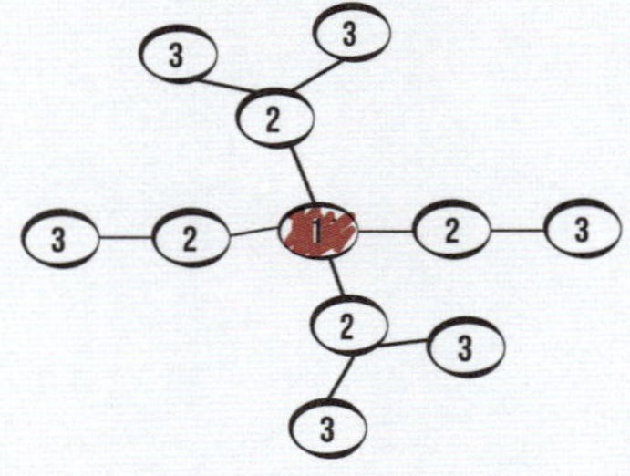

3. ***Relacione o tópico ou conceito mais relevante aos segundos tópicos/conceitos mais relevantes (nível 2), e os segundos aos terceiros termos mais relevantes (nível 3), como uma estrutura de árvore; se quiser use imagens simples combinadas com as palavras;***

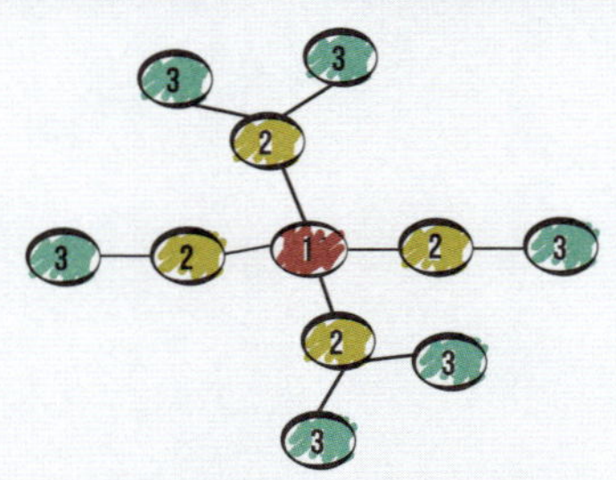

4. ***Por fim, explique as relações, em forma de ação, correlação etc.***

Esse modelo pode ser reproduzido com uma estrutura de teia de aranha (que parte do centro para as extremidades) ou pode ser desenhado como um fluxograma (parecido com a estrutura de árvore).

REFÊNCIAS CITADAS NO TÓPICO:

BUZAN, Tony. **Use your head**. Londres: Millennium Edition/BBC, 1974.

BUZAN, T; BUZAN,B. **The Mind Mapbook:** How to use radiant thinking to maximize your brain's untapped potential. Nova York: Plume, 1996.

NOVAK, J. D. **A Theory of Education**. Ithaca, NY: Cornell University Press, 1977.

NOVAK, J. D.; WANDERSEE, J. H. Coeditors, Special Issue on Concept Mapping. **Journal of Research in Science Teaching**, v. 28, n. 10, editorial, 1991.

SIBBET, D.. **Equipes Visuais**: ferramentas gráficas para compromentimento, inovação e alta performance. Rio de Janeiro: Alta Books, 2015

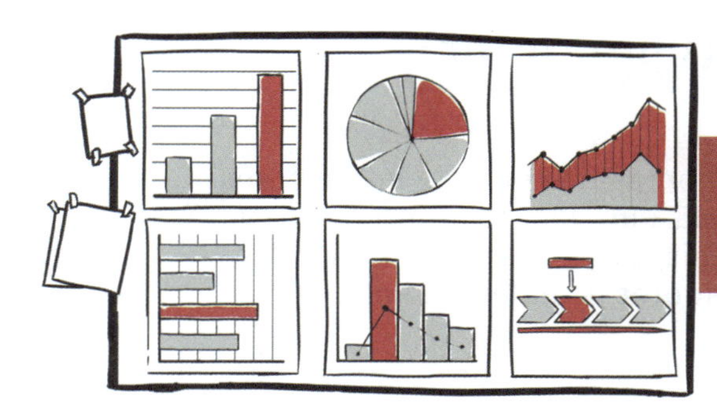

INDICADORES, DASHBOARDS E KPI'S

AUTORES DO TÓPICO

Organizar ideias e informações de forma visual é super importante para o processo projetual. Contudo, nem sempre as equipes entendem o valor de definir indicadores e metas claras para o acompanhamento do projeto de forma visual. Promover a visualização de resultados sobre o andamento do projeto ajuda nosso cérebro a gerenciar as atividades.

Paulo Henrique S. Alves

- Engenheiro e pós-graduado em Gestão de Projetos.
- Empresário e gestor de projetos de engenharia.

alves_pauloh@hotmail.com

Júlio Monteiro Teixeira

- Designer Gráfico, mestre em Gestão de Design e doutor em Engenharia de Produção.
- Professor do curso de Design – *UFSC*

julio.teixeira@ufsc.br

Joni Hoppen

- Graduado em Sistemas de Informação e mestre pela Universidade de Twente (Holanda).
- Cofundador da Aquarela Advanced Analytics e cientista de dados.

joni@aquare.la

Nossa mente foi treinada para identificar padrões. Lembre-se que nós temos facilidade para reconhecer um situação padrão que possa sinalizar ameaça, perigo ou até mesmo conforto e alegria. Nosso cérebro identifica rapidamente esses padrões, especialmente os visuais, por uma questão de sobrevivência.

UM POUQUINHO SOBRE INDICADORES

O primeiro passo para criar ferramentas de controle inteligentes é ter dados verídicos sobre o tema que você tem interesse em controlar. Com os dados disponíveis, podemos atrelar significados a eles, e então teremos indicadores, simples assim!

Para ficar mais claro, segue um pequeno exemplo:

Veja este número: 

Este 9 é apenas um número, assim como 2, 12, 23, 55 e outros. Nesse estágio, ele é apenas um dado, sem muita utilidade.

Como podemos transformá-lo em um indicador?

Para que um dado seja transformado em um indicador, basta atrelar um significado a ele, adicionando um contexto e uma regra. Veja como fazemos com o nosso 9.

Digamos que, a partir de agora, ele pertença ao contexto Educação e obedeça à seguinte regra: as avaliações dos alunos terão resultado de 0 a 10, sendo 0 o pior desempenho e 10, o oposto.

Note que:

Antes o nosso número 9 estava solto e sem apontar para qualquer direção, mas a partir de agora significa que o(a) aluno(a) foi bem em uma prova, acertando 90% das questões.

Em resumo:

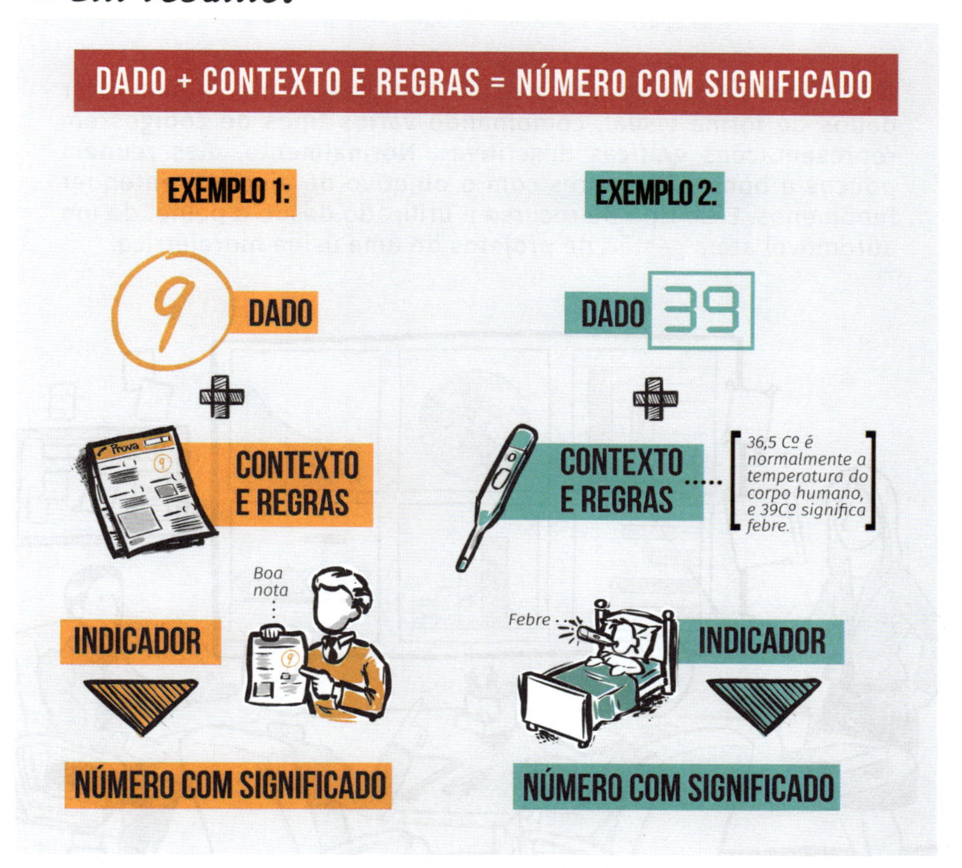

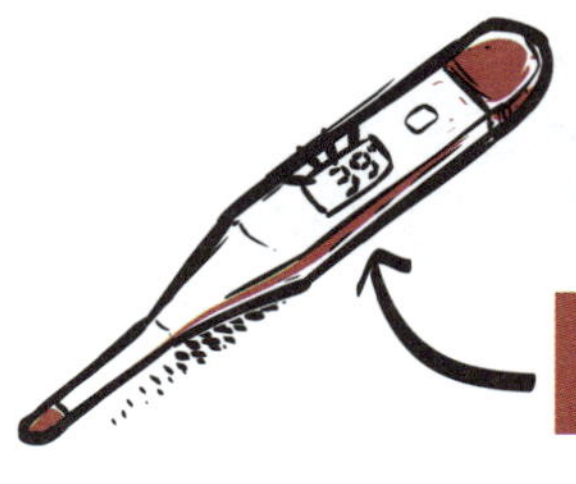

Alguns especialistas acreditam que, no cenário empresarial, os indicadores atuam como instrumentos de endomarketing. Faz sentido, uma vez que na maioria das vezes ***sua função é sintetizar dados de fenômenos que possam ser valorados para informar alguém sobre algo.*** Normalmente, esses indicadores são apresentados por meio de ***Dashboards.***

DASHBOARDS? O QUE É ISSO?

Dashboards são painéis que buscam representar e sumarizar dados de forma visual, combinando vários tipos de códigos em representações gráficas descritivas. Normalmente, eles reúnem poucos e bons indicadores com o objetivo de ajudar a entender fenômenos. Esse tipo de recurso é utilizado desde o painel de um automóvel até a gestão de projetos de uma usina hidrelétrica.

COMO USAR ESSES RECURSOS NA GESTÃO DE PROJETOS?

Na Gestão de Projetos, especificamente na fase de monitoramento e controle, a utilização de indicadores definidos na fase de planejamento permite comprovar com maior objetividade a progressão de uma ou várias dimensões de um projeto diante das metas preestabelecidas.

Entretanto, como foi colocado anteriormente (página 50), temos a tendência de responder visualmente quando somos estimulados de forma visual. Dessa forma, nas fases de inspiração e criação, utilizar ferramentas visuais também estimula a equipe a responder visualmente e assim estabelecer um ambiente mais favorável a interação e, consequentemente, à inovação.

Além disso, um fino controle no decorrer de sua execução possibilita a identificação de anomalias e desvios — a adoção de correções — ou mesmo revisão dos planos inicialmente traçados. Então, quanto mais cedo o gestor e sua equipe identificarem essa situação e puderem intervir, melhor. Caso a intervenção ocorra tarde demais, o quadro pode até já ser irreversível para o sucesso do projeto. Essas ferramentas e indicadores podem ser diferenciais estratégicos, além de auxiliar no engajamento e na motivação da equipe na busca por melhores resultados.

Esses painéis, ou dashboards, devem priorizar as informações consideradas essenciais para executar e finalizar seu plano. Por isso, devem ser pensados e desenvolvidos com antecedência, de acordo com os tipos de projeto e objetivos da organização que o patrocina. É o caso, por exemplo, de cockpit de aviões, que, dependendo do uso ou da finalidade da aeronave, demanda instrumentos de controle diferentes. No entanto, alguns indicadores abrangem praticamente todos os projetos, como: custo, prazo e adequação à entrega - assim como no caso dos aviões, em que indicadores de combustível, velocidade e altitude estão presentes em praticamente todas as aeronaves.

E OS KPI'S ?

Conforme já visto, os dashboards têm a função de comunicar de forma fácil, eficaz e dinâmica a evolução dos requisitos definidos como críticos, ou chave, para atingir as metas estratégicas. Esses requisitos serão monitorados através de indicadores-chave de desempenho, ou KPIs (*Key Performance Indicators*, em inglês).

Portanto, KPIs devem ser entendidos como os instrumentos que permitirão avaliar, durante o andamento do projeto, se este está caminhando para as metas estratégicas traçadas pela alta administração. No entanto, a escolha e construção dos KPIs merecem especial atenção e cuidado, pois influenciarão as tomadas de decisão.

Ao criá-los, deve-se aferir junto aos profissionais experientes na área se há nexo. É recomendável que a definição dos KPIs inicie com base nas metas estratégicas da empresa e sua visão de futuro. Caso os KPIs não estejam bem estruturados, poderão influenciar decisões prejudiciais à organização.

Portanto, as questões fundamentais a serem pensadas são:

- ***Qual pergunta ele tem que responder?***
- ***Para onde desejamos ir? Qual a intenção com o indicador?***
- ***Como chegaremos lá?***

Outras questões mais específicas a serem levadas em conta são:

- ***Qual o tamanho do dashboard?***
- ***A quem os KPIs comunicarão?***
- ***Qual o nível de maturidade, em gerenciamento de projeto, das partes interessadas?***
- ***Qual a periodicidade em que a base de dados deve ser atualizada?***
- ***Como será a atualização dos dados?***
- ***Como os resultados obtidos serão apresentados? Relatórios mensais, dashboards?***

Quanto à quantidade de KPIs a ser utilizada, devemos pensar que deve ser tal que permita o eficaz controle no atendimento dos requisitos-chave, mas que não seja tão extensa que demande tempo excessivo da equipe de projeto para alimentar, monitorar, controlar e interpretar esses KPIs. Ou seja, poucos e bons! Além disso, indicadores em excesso poderão desviar a atenção da equipe para o que realmente é importante.

Alguns erros comuns que causam ineficácia no uso dos KPIs:

Avaliar a satisfação dos colaboradores internos da companhia.

A satisfação dos colaboradores é uma métrica subjetiva difícil de ser mensurada com o mínimo de acurácia, pois é dependente, inclusive, de fatores psicológicos ou externos independentes da ação da organização. Mais eficaz seria avaliar quais parâmetros representam a insatisfação dos colaboradores – como média de afastamentos mensal ou bimestral e rotatividade média dos colaboradores – e através destes, construir o KPI com base em métricas tangíveis.

Utilização de brainstorm para construção de KPIs;

O brainstorm pode ser utilizado como um ponto de partida para a construção, mas posteriormente deve ser encaminhado para um profissional capacitado para avaliação e estruturação. Atenção: KPIs que não representam diretamente os objetivos estratégicos da organização, ou mesmo KPIs baseados em conceitos subjetivos, devem ser descartados.

Utilização de KPIs como uma ferramenta para avaliar o desempenho da equipe, em vez de se avaliar o alcance de metas estratégicas.

Muitas vezes a equipe de projeto entende a implementação de KPIs como uma forma de avaliar o desempenho da equipe em si, e não o avanço do projeto em relação aos objetivos estratégicos da organização. Dessa forma, poderá levar à perda do foco nos objetivos estratégicos, à sabotagem ou mesmo à desmotivação da equipe. É necessário avaliar qual o nível de acesso dos colaboradores aos resultados dos KPIs, quem será responsável pela alimentação do banco de dados e como serão comunicados. Também é necessário entender que o nível de maturidade da equipe da organização influencia na implementação, na operação e nos resultados dos KPIs.

KPIs definidos a partir de conceitos subjetivos, de difícil mensuração.

 ***Utilização de relatórios de desempenho para comunicar o resultados dos KPIs.***

Uma prática comum entre as organizações é a utilização de relatórios de desempenho dos projetos como ferramenta de comunicação. Também é comum ver pilhas de relatórios nas mesas desses profissionais sem que tenham sido avaliadas no prazo que deveriam. O dia a dia agitado, problemas pessoais e urgências internas à organização acabam deixando os relatórios no final da lista de prioridades, perdendo, dessa forma, sua finalidade. Afinal, de nada adiantaria informar ao patrocinador do projeto que 30 dias atrás o projeto apresentava sinais de que não seria possível cumprir o prazo inicialmente estabelecido.

KPIs precisam de uma comunicação dinâmica e simplificada para que, em poucos minutos, alguém da equipe possa avaliar o andamento do projeto. Nesse sentido, a utilização de dashboards e estratégias de gestão visual são imprescindíveis.

NÍVEL AVANÇADO: BIG DATA

Agora que já temos noção dos indicadores, dashboards e KPIs, vamos falar um pouco da necessidade e importância deles na área de Big Data.

Você já ouviu falar sobre Big Data ou mineração de dados?

Quando ouvimos falar que computadores ajudaram a detectar comportamentos que nos fazem comprar mais, descobriram fraudes ou até mesmo a cura de doenças, estamos ouvindo falar sobre "Big Data".

Big Data é algo que vem crescendo bastante e alimentando a demanda de profissionais de diversas áreas, não apenas o pessoal da computação.

> "TRABALHANDO ALGUNS ANOS NA ÁREA DE ANÁLISE DE DADOS, TEMOS NOTADO QUE PARTE DOS CLIENTES NÃO ESTÁ COLETANDO DADOS DE FORMA ESTRUTURADA E OS QUE O FAZEM, AINDA NÃO TÊM REFINAMENTO E BOA ESTRUTURAÇÃO DOS INDICADORES.
>
> *(Joni Hoppen - coautor do tópico)*

Em ambos os casos, isso leva a uma situação bastante comum, que é:

Fica evidente que essa pessoa necessita de um apoio na criação de indicadores!

Agora, imagine um cenário ideal em que ele já tenha dados e uma série de indicadores, uns 30 mais ou menos, do tipo:

- ***tempo de espera por cliente na loja;***
- ***quantidade de vendas de produto A e B por dia;***
- ***quantidade de horas para produção do produto A e B;***
- ***margem de lucro de cada produto.***

Legal, essa é uma situação muito boa, até invejável, poderíamos dizer. Qual gestor não gostaria de estar ciente de como estão indo as coisas? Nesse nível podemos criar alguns gráficos no Excel para verificar o andamento das coisas, e nesse ponto é que temos o BI (*Business Intelligence*), que oferece a possibilidade de monitorar o andamento dos indicadores de desempenho, em muitos casos, até em tempo real.

Agora que temos os dados, os indicadores e um sistema de BI para monitorá-los, o que mais é necessário?

Lembre-se que o gestor tem um limite cognitivo. Quando se tem 30 telas e gráficos para decidir se é possível aumentar em 0,2% ou 5% o valor de uma peça, fica difícil. Seria possível que o computador nos ajudasse a pensar sobre o problema? É isso que os algoritmos inteligentes de Big Data fazem (é possível aplicar, inclusive, nas informações sobre o *PDP*).

Os algoritmos são capazes de analisar e cruzar todos os indicadores de uma só vez e dizer rapidamente o que é relevante ao gestor.

Por exemplo: o algoritmo pode analisar milhares de indicadores das consultas médicas nos postos de saúde da cidade e dizer que pessoas entre 25 e 35 anos tendem a ter uma chance maior de faltar à consulta. Logo, considerando que cada consulta custa R$ 90,00 em média no Brasil, e que a cada 100 agendamentos, 30 deles não acontecem por motivo de falta (em média), temos um prejuízo de dinheiro público na ordem de R$2.700,00. Nesse caso, temos:

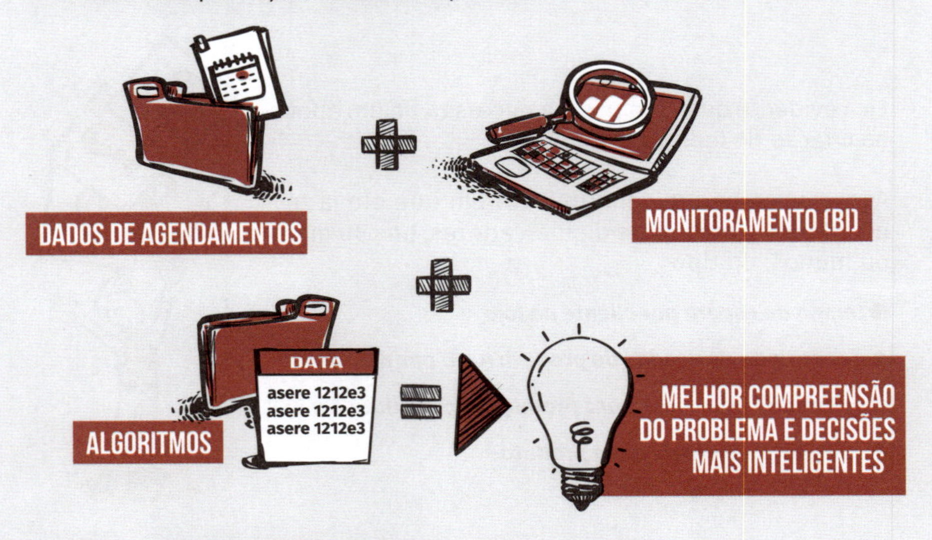

Ok, mas se eu quiser descobrir outras coisas, como faço?

O processo de análise é o mesmo, basta coletar os dados, refletir sobre os indicadores, gerar novos indicadores e pensar sobre perguntas que podem ser respondidas com eles. Com o tempo e amadurecimento, você vai conhecendo mais, tanto do problema como das ferramentas disponíveis.

Importante: não existe uma ferramenta que resolverá tudo, porém vale muito a pena ir conhecendo mais funções do Excel ou LibreOffice. Às vezes, só fazer uma planilha dinâmica (pesquise sobre isso) já ajudará a ter muitas respostas sem mesmo utilizar algoritmos muito sofisticados.

Uma forma de reduzir essa curva de aprendizado na área de Big Data é participar de comunidade de dados, grupos do Facebook ou Linkedin e assistir a vídeos no Youtube. Tenho certeza que você vai encontrar algum material muito bom para ajudá-lo nessa caminhada.

Dentro de alguns meses você já terá uma noção do que é ser um analista de dados, criando e analisando indicadores todos os dias para buscar se antecipar às dificuldades no processo de desenvolvimento de projetos, ou até em outras situações.

VISUALIZE RESULTADOS

Segundo Robert Horn (Visual Language p. 240), estamos apenas no início de outra revolução da comunicação. Esse novo mix de tecnologias vai alterar irreversivelmente as comunicações no século XXI.

Acreditamos que essa revolução já esteja recrutando novos protagonistas.

AUTORES DO TÓPICO

Adilson Luiz Pinto

- Biblioteconomista, mestre em Ciência da Informação e doutor em Documentacíon.
- Professor do Departamento de Ciência da Informação – UFSC

adilson.pinto@ufsc.br

Júlio Monteiro Teixeira

- Designer Gráfico, mestre em Gestão de Design e doutor em Engenharia de Produção.
- Professor do curso de Design – *UFSC*

julio.teixeira@ufsc.br

As últimas décadas pertenceram a um certo tipo de pessoa com um certo tipo de mente – programadores de computador, que conseguiam decifrar códigos, advogados que podiam criar contratos, matemáticos que sabiam fazer cálculos. Mas o controle está mudando de mãos (PINK, 2005).

O presente já pertence a um tipo muito diferente de pessoa com um tipo distinto de mente – desenvolvedores, que combinam razão e emoção; reconhecedores de padrões e fabricantes de significado terão cada vez mais espaço na sociedade e no mercado. É para aqueles que desejam fazer tudo isso de forma visual que esse tópico e este livro foram escritos.

APRENDA A REPRESENTAR VISUALMENTE

Nota de esclarecimento

Aqui apresentaremos alguns princípios e práticas que promovem a visualização de informações, principalmente dos resultados de um processo.

ENTENDEU? OU QUER QUE DESENHE?

Às vezes, quando queremos comunicar uma ideia, usamos como simplificador uma imagem. A representação visual envolve desde esboços no papel até gráficos complexos que apresentam os resultados de uma ação. Ela nos ajuda a ilustrar conceitos que, se expressados verbalmente, muitas vezes acharíamos difícil de explicar. Imagine ter que explicar a alguém por telefone como consertar a torneira do banheiro.

Quando temos dados com os quais precisamos ilustrar conceitos e ideias mais complexas, a representação visual normalmente nos parece uma ferramenta de comunicação atrativa.

A REPRESENTAÇÃO VISUAL DA INFORMAÇÃO

A informação é criada a partir de dados que representamos de forma visual. Somos constantemente abordados por uma grande quantidade de dados, e existem processos de transformação desses dados. Nathan Shedroff, em um estudo de design de informação, de 1929, já analisava a forma como o processo de compreensão de dados ocorre, e a conjuntura para se transformar isso em algo maior, como a informação, o conhecimento e a sabedoria.

Para identificarmos a diferença de cada uma das etapas, é possível fazer uma analogia com o clima, no qual existe a informação sobre o índice de temperatura. Por exemplo, se a previsão aponta que quinta-feira estará abaixo de 10 graus, nessa situação fica difícil concluir alguma coisa, pois não há um contexto – ***dado****; ou podemos deduzir, a partir desta temperatura, que fará frio e que podemos ter neve –* ***informação****; ou em um patamar mais elevado, que, se nevar, teremos problemas de trânsito e que as pessoas terão que ficar em casa –* ***conhecimento****; ou, outra hipótese, se nevar e eu não puder me deslocar por muito tempo, tenho que me preparar e comprar sal para a calçada, estocar alimentos e água –* ***sabedoria****.* (PINTO et al. 2009, p. 289).

Processo contínuo de Shedroff do ciclo de dado, informação, conhecimento e sabedoria.

VISUALIZAÇÃO DE DADOS

Como vimos no tópico anterior:
Dados são conteúdos que, em si mesmos, não têm nenhum significado. Eles são como "tijolos", com os quais construímos nossos processos de informação e comunicação. Shedroff (1999) caracteriza dado como "produto de pesquisa, criação, coleta, e descoberta. É o material bruto que encontramos ou criamos para construir nossas comunicações."

Os dados são o resultado direto de uma medida. Eles podem ser recolhidos por uma ferramenta de monitoramento (como o termômetro, lembra daquele exemplo?) ou por arquivos pessoais, presentes em repositório ou bases de dados. **Um único dado não nos permite tomar decisões ou definir ações futuras.**

VISUALIZAÇÃO DE INFORMAÇÃO

Os dados por si só não são suficientes para estabelecer um processo de comunicação. Para dar sentido a esses dados, eles devem primeiro ser processados, organizados e apresentados em um formato adequado. Essa transformação e manipulação de dados produz o efeito da informação, que é gerada a partir de sua organização de forma significativa, apresentando-se um contexto ou algumas regras (como vimos no tópico anterior) para comunicar e representar o seu entorno.

A informação é um dado com significado e que foi interpretado. Dessa forma, permite que um gestor ou projetista decida quais medidas devem ser tomadas.

> A VISUALIZAÇÃO DE INFORMAÇÃO É PRÉ-REQUISITO PARA A TOMADA DE DECISÃO EM QUALQUER PROJETO OU EMPREITADA.

Mas lembre-se do que foi dito no início do capítulo: a visualização aleatória pode acarretar resultados aleatórios, que normalmente levam a consequências indesejadas. Portanto, garanta que cada ferramenta ou recurso visual tenha um propósito claro e específico.

VISUALIZAÇÃO DE CONHECIMENTO

Quando a informação é integrada com a experiência, cria-se conhecimento. Quando temos experiência, ganhamos o conhecimento, que torna possível entender as coisas.

> O DESENVOLVIMENTO DO CONHECIMENTO DEVE SER O OBJETIVO PRINCIPAL DE QUALQUER PROCESSO DE COMUNICAÇÃO.

Em síntese, deve-se saber o que fazer com a informação para gerar riqueza a partir desse novo conhecimento produzido.

SABEDORIA

O efeito da sabedoria é a aplicação do conhecimento, cujo resultado é uma reflexão sobre as informações analisadas, com base em suas experiências, ideias, valores e opiniões suas (e de outros). Pode ser o estado mais avançado de conhecimento, também denominado de *expertise*, porém é muito difícil de ser transmitida diretamente, ou mesmo ensinada.

Voltando alguns passos...

Como representar informações de maneira visual na prática de projeto?

Pois bem, sempre que possível, busque demonstrar ou entender alguns pontos-chave:

1. Por quê?
Por que representar visualmente? Por que você acredita que simplificar a informação em diagramas ou desenhos será a melhor opção? O que será perdido ao simplificar para relacionar o conteúdo em único plano?

2. Qual finalidade?
Qual(is) informação(ões) pode(m) influenciar o processo de decisão?

3. Quem?
Quem são as pessoas e demais elementos envolvidos na situação?

4. Quê?
O que é prioritário apresentar, relacionar e entender?

5. Como?
Qual é a melhor forma de apresentar?

6. Onde?
Onde esse conteúdo deve aparecer?

7. Quando?
Quando deve ser visualizado?

REFERÊNCIAS CITADAS NO TÓPICO:

PINTO, A. L. et al. Visualização da Informação das Redes Sociais através de programas de cienciografia. In: POBLACIÓN, D.A.; MUGANIANI, Rogério; RAMOS, Lúcia Maria S.V. Costa. (Org.). **Redes sociais e colaborativas em informação científica**. São Paulo: Angellara, 2009, v.1. p. 289-312.

SHEDROFF, N. **Information Interaction Design:** a unified field theory of design. In: JACOBSON, Robert E. information design. Cambridge: MIT Press, 1999. p. 267-292.

PINK, Daniel H. **A whole new mind**: Moving from the information age to the conceptual age. New York: Riverhead Books, 2005.

COMO MONTAR SEU MODELO

CAPÍTULO 4: ORIENTAÇÕES DE CONSTRUÇÃO

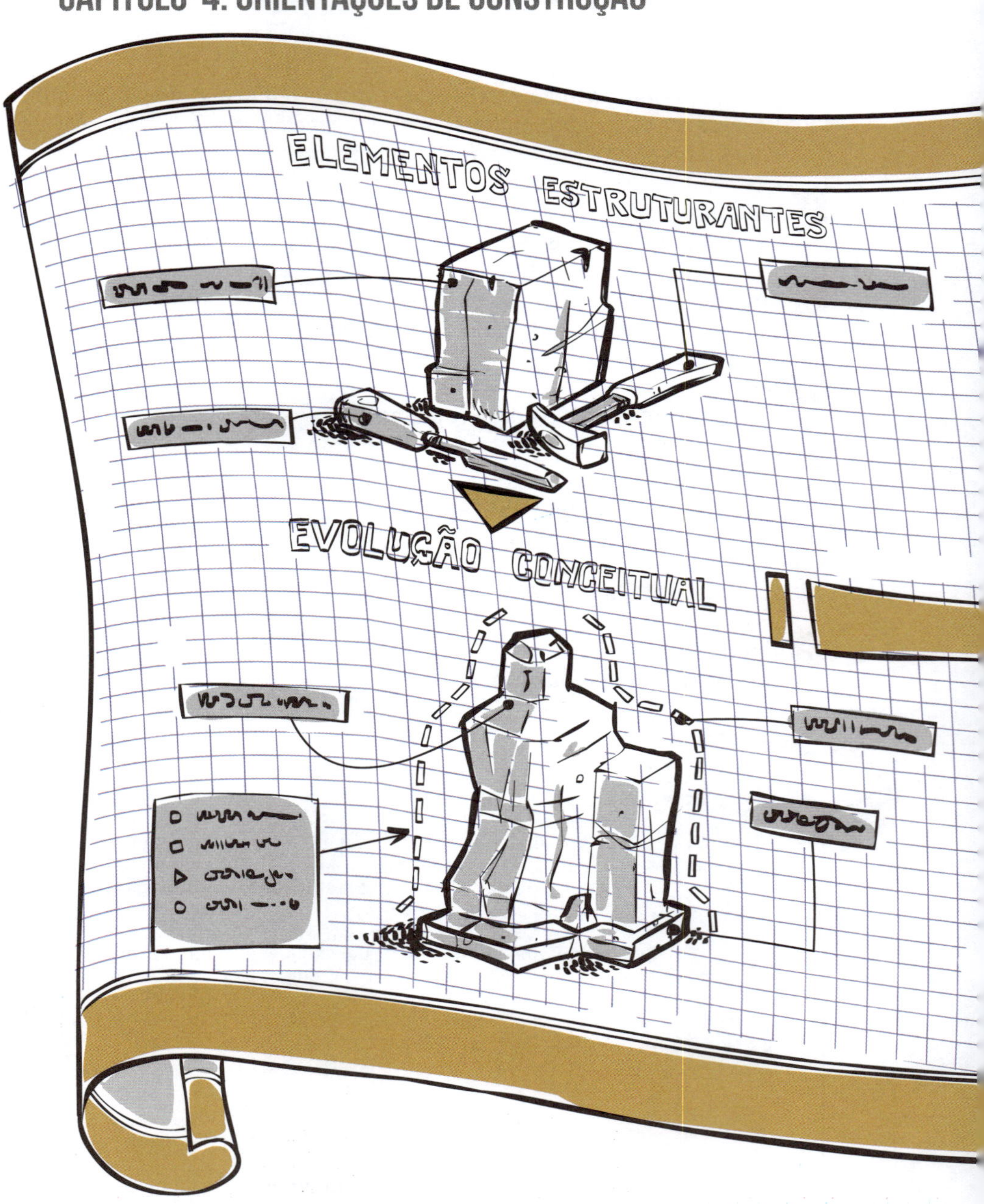

MODELO VISUAL

ELEMENTOS ESTRUTURANTES

Como suporte à Gestão Visual no desenvolvimento de projetos, foram desenvolvidos e aplicados alguns modelos, procedimentos e ferramentas com o objetivo de tornar mais simples, visual e interativo o Processo de Desenvolvimento de Projetos (PDP).

As propostas de Gestão Visual de Projetos apresentadas a seguir foram elaboradas a partir da experiência prática do autor, coautores, cocriadores, colaboladores, críticos, usuários e de uma extensa pesquisa em diferentes bases de dados que começou a partir da tese de doutorado do autor.

No entanto, elencamos a seguir as premissas[11] mais importantes para qualquer modelo de gestão que busque a visualização do Processo de Desenvolvimento de Projeto:

PREMISSAS

- ***Priorizar a visualização no processo de desenvolvimento e do modelo de referência;***
- ***Desenvolver estratégias visuais aplicadas desde o planejamento do projeto;***
- ***Elaborar planos de ação a partir de diagramas, mapas visuais e infográficos;***
- ***Criar alternativas de visualização e divulgação da informação do projeto;***
- ***Valorizar a análise visual;***
- ***Promover a interação e a participação da equipe.***

NOTA:

[11] *Para relembrar as principais referências que ajudaram a definir as premissas aqui apresentadas, retorne aos capítulos 1 e 2.*

REQUISITOS

Para aumentar as chances de sucesso, os modelos visuais devem atender aos seguintes requisitos:

FUNÇÕES ESPERADAS

Priorizar a visualização de informações

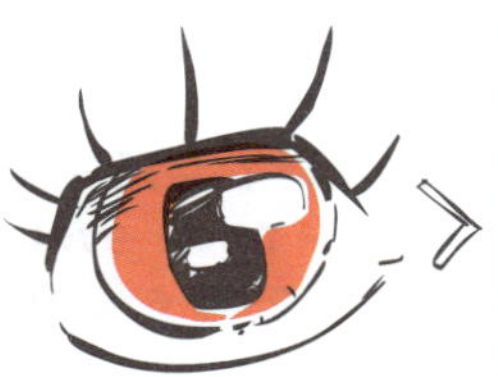

Como?

- ***Permitindo a visão global em um único plano;***
- ***Favorecendo o entendimento e o acesso rápido às informações;***
- ***Facilitando a percepção de relações.***

Promover a participação coletiva

Como?

- ***Tornando visíveis as anormalidades;***
- ***Indicando o fluxo processual;***
- ***Incitando o desenvolvimento de processos abertos de forma simples, fácil e visual.***

Gerar Fluxo Contínuo

Como?

- ***Incorporando mecanismos para facilitar a orientação, o controle e a documentação do processo;***
- ***Criando fichas de instruções e padrões de entrega;***
- ***Apoiando o trabalho padronizado e a aderência de processos.***

PRINCÍPIOS DE USABILIDADE

As ferramentas devem ser pensadas de forma que sejam facilmente integradas umas às outras, considerando a usabilidade (ver usabilidade no Capítulo 2) para uma melhor experiência do usuário.

Para isso, deve-se:

LEVAR EM CONTA ALGUNS PRINCÍPIOS DE USABILIDADE

- ***consistência e coerência***
- ***compatibilidade***
- ***habilidade do usuário***
- ***prevenção de erro e recuperação***
- ***clareza visual***

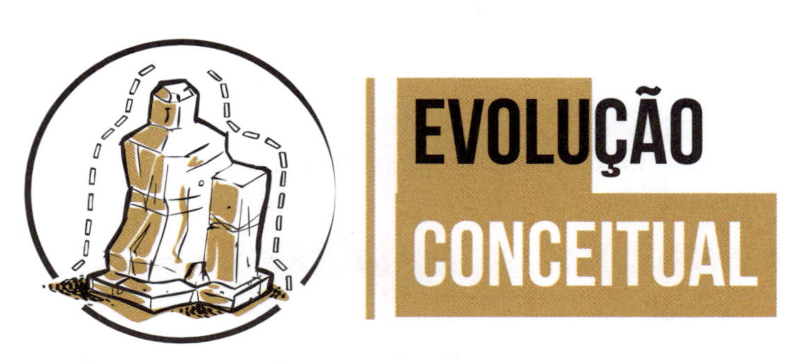

EVOLUÇÃO CONCEITUAL

Apresentamos aqui, a título de exemplo, como um modelo de referência – que normalmente é chamado de método ou metodologia – pode evoluir para se tornar um modelo ***visual*** de gestão de projetos. Veja esse exemplo de transformação do Painel Visual.

Verifique se o seu modelo apresenta um quadro descritivo com as etapas e funções principais.

Quadro Descritivo

Normalmente, o modelo de referência já possui uma descrição das etapas de forma detalhada. Se não tiver, providencie!

Esse quadro deve evoluir e apresentar as etapas em diferentes níveis de complexidade. Por exemplo, o que é; o que fazer; como fazer ou incluir a descrição de procedimentos e entregas.

Dica de implementação para obter um quadro descritivo: em uma das empresas-caso, nós fixamos uma folha branca na parede e pedimos para que a própria equipe descrevesse o modelo utilizado.

Quadro de etapas

Gradualmente, o processo vai ficando mais visual.

Por exemplo, em um dos casos que será relatado a seguir (Case 1 - Capítulo 5) decidimos especificar: O que é? O que fazer? E como fazer? (com procedimentos, atividades e instrumentos)

Neste exemplo, o painel visual foi idealizado para que o usuário consiga obter uma visão sistêmica do projeto. Isso permite ver as conexões entre as etapas e atividades que a equipe está desenvolvendo (veja como ficou o painel visual no Case 1 - Capítulo 5).

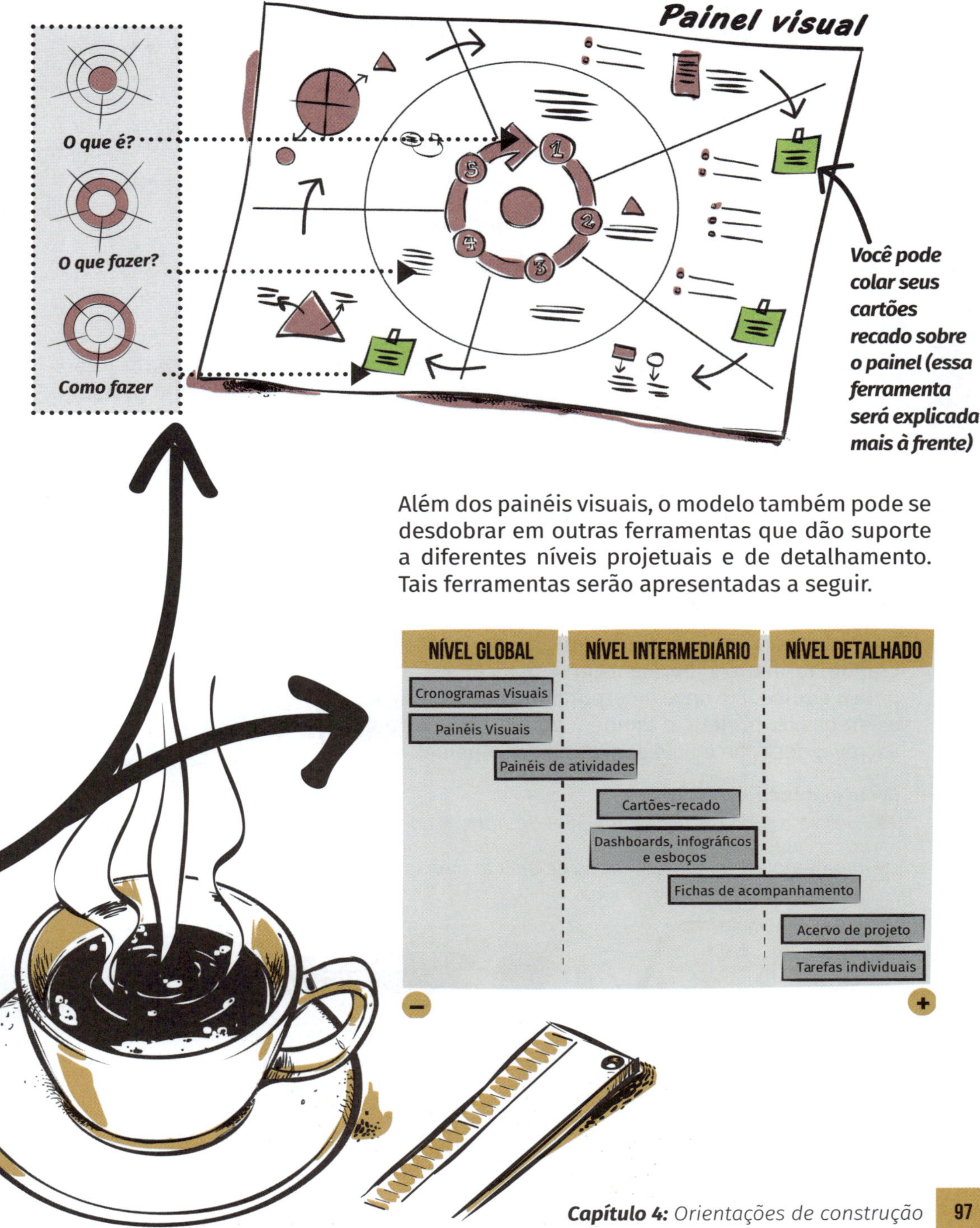

Além dos painéis visuais, o modelo também pode se desdobrar em outras ferramentas que dão suporte a diferentes níveis projetuais e de detalhamento. Tais ferramentas serão apresentadas a seguir.

MODELO VISUAL - FERRAMENTAS

PAINÉIS VISUAIS

A proposta de utilizar painéis visuais é endossada por diferentes abordagens:

- ***Desenvolvimento de projetos***
- ***Gestão visual***
- ***LEAN***

Os painéis visuais têm a função de estimular a interação das equipes com o modelo e com o projeto, fazendo com que se mergulhe na informação. Com o tempo, percebi que eles estão entre as ferramentas mais importantes da gestão visual de projetos.

Os painéis podem ser desdobrados em diferentes formatos e soluções:

A. *Painel fixo*

Pensado para uso no escritório de projeto. Deve ter grande formato e permanecer em local estratégico para a equipe. Ele deve incorporar as funções de todas as etapas do projeto, e também permitir que a equipe escreva, desenhe e cole sem danificar o painel.

Como materializar:

- *Adesivo colado atrás de um painel de vidro, fixado numa parede.*
- *Impressão em lona fixada atrás de uma lâmina grossa de acrílico transparente.*

B. *Painel móvel*

Idealizado para que as equipes possam movimentar e utilizar em diferentes ambientes.

Como materializar:

- *Adesivo colado sobre um substrato de PVC e disponibilizado sobre um cavalete com rodas.*

C. Painel de equipe

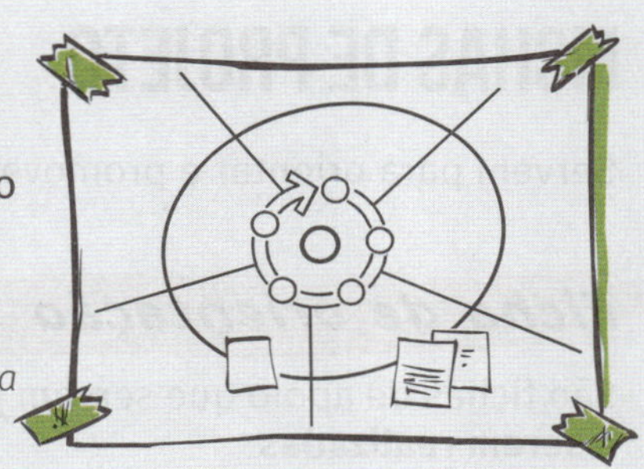

É uma versão simplificada e de baixo custo do painel fixo, para uso da equipe de projeto.

Como materializar:

- *Impressão plotada em papel offset e colada na sala da equipe de projeto.*

D. Painel de atividades

Consiste em um painel vazio com o propósito de estimular a equipe a expor o levantamento e a análise de dados, bem como as alternativas e as soluções das etapas do projeto. O objetivo é facilitar o engajamento da equipe na etapa que está sendo desenvolvida.

Como materializar:

- *Painel de PVC fixado na parede para que a equipe anexe papéis, exponha ideias e desenvolva rascunhos relacionados às etapas do projeto.*
- *Também funciona como dashboard.*

E. Cronograma visual

Serve para o gerenciamento do projeto e prazos no projeto. Além das entregas e pastas, as atividades, status e responsabilidades devem ser detalhados e atualizados

Como materializar:

- *Impressão colorida em papel offset para ser anexadc ao lado dos demais painéis.*

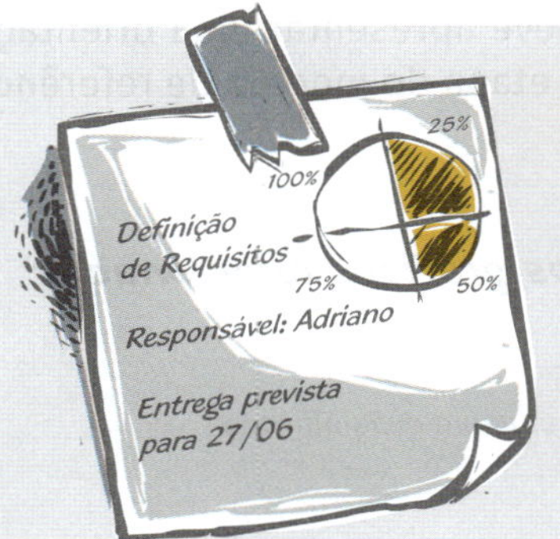

F. Cartão-recado

Informações-chave do projeto que devem ser fixadas no próprio painel visual.

Como materializar:

- *Papéis autoadesivos.*
- *Escrever diretamente sobre o painel.*

FICHAS DE PROJETO

Servem para orientar e promover o fluxo entre as etapas do projeto.

Ficha de orientação

São fichas de apoio que servem para **auxiliar o entendimento das atividades a serem realizadas**.

Servem como suporte no esclarecimento de como pode ser feito o desenvolvimento de cada etapa, indicando em detalhes, por exemplo:

- ***o que é;***
- ***como fazer;***
- ***para que é indicada a atividade.***

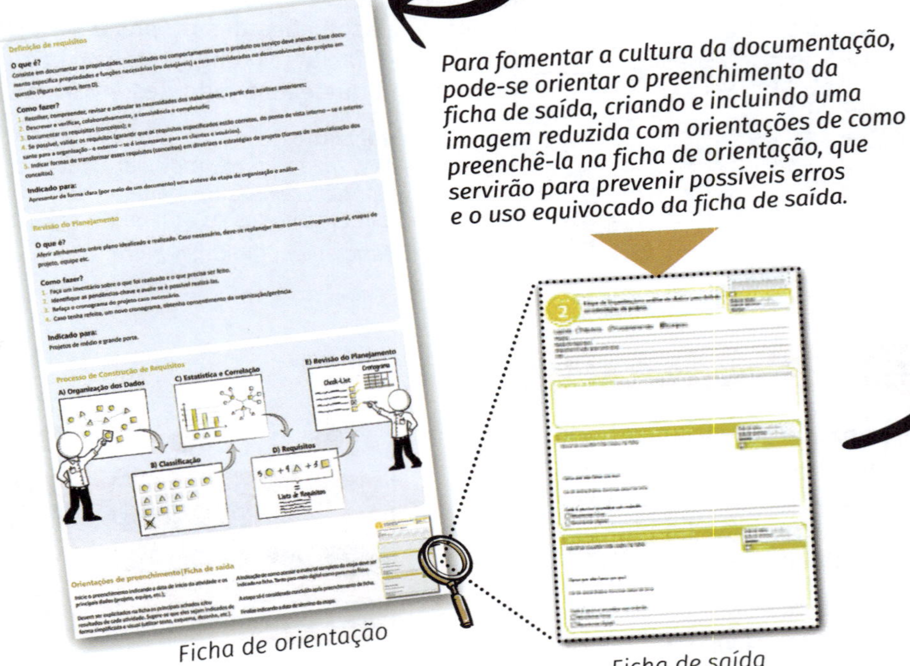

Para fomentar a cultura da documentação, pode-se orientar o preenchimento da ficha de saída, criando e incluindo uma imagem reduzida com orientações de como preenchê-la na ficha de orientação, que servirão para prevenir possíveis erros e o uso equivocado da ficha de saída.

Ficha de orientação

Ficha de saída

Para estimular a consulta, cada uma delas deve apresentar uma orientação sintética e preferencialmente visual[12] de uma etapa do modelo de referência. Para isso, sugerimos o uso de:

- ***infográficos***
- ***cores***
- ***ilustrações***
- ***demais elementos gráficos relacionados***

NOTA:

[12] Segundo Sibbet (2013, p. 2014) – "Os desenhos animam o siginificado".

Ficha de saída

A ficha de saída é preenchida no final de cada etapa com a função de apresentar uma síntese de informações visuais para que a etapa seguinte possa dar continuidade ao processo.

Esse processo de fluxo visual fornece retorno aos envolvidos nas **etapas.**

O que deve ser feito na etapa atual é induzido pela ficha de saída da etapa anterior. Isso exige que a equipe planeje, organize e descreva suas atividades, inclusive indicando responsáveis pelo preenchimento da ficha. Claro, essa ferramenta também pode ser substituída por soluções digitais, existe uma infinidade de opções no mercado.

Ao registrarem a própria ação, os envolvidos também geram retorno de informação sobre:

- ***Do processo de desenvolvimento***
  (nível macro)
- ***Das etapas***
  (nível intermediário)
- ***Das atividades***
  (nível detalhado)
- ***Do projeto como um todo***
  (para tomadas de decisão e controle de risco)

O registro é útil para o projeto atual e serve como referência para projetos futuros.

CAIXAS DE PROJETO

Servem para armazenar as fichas de saída e as fichas de orientação sobre o desenvolvimento da etapa. Para facilitar o entendimento, algumas orientações visuais devem ser disponibilizadas na própria caixa.

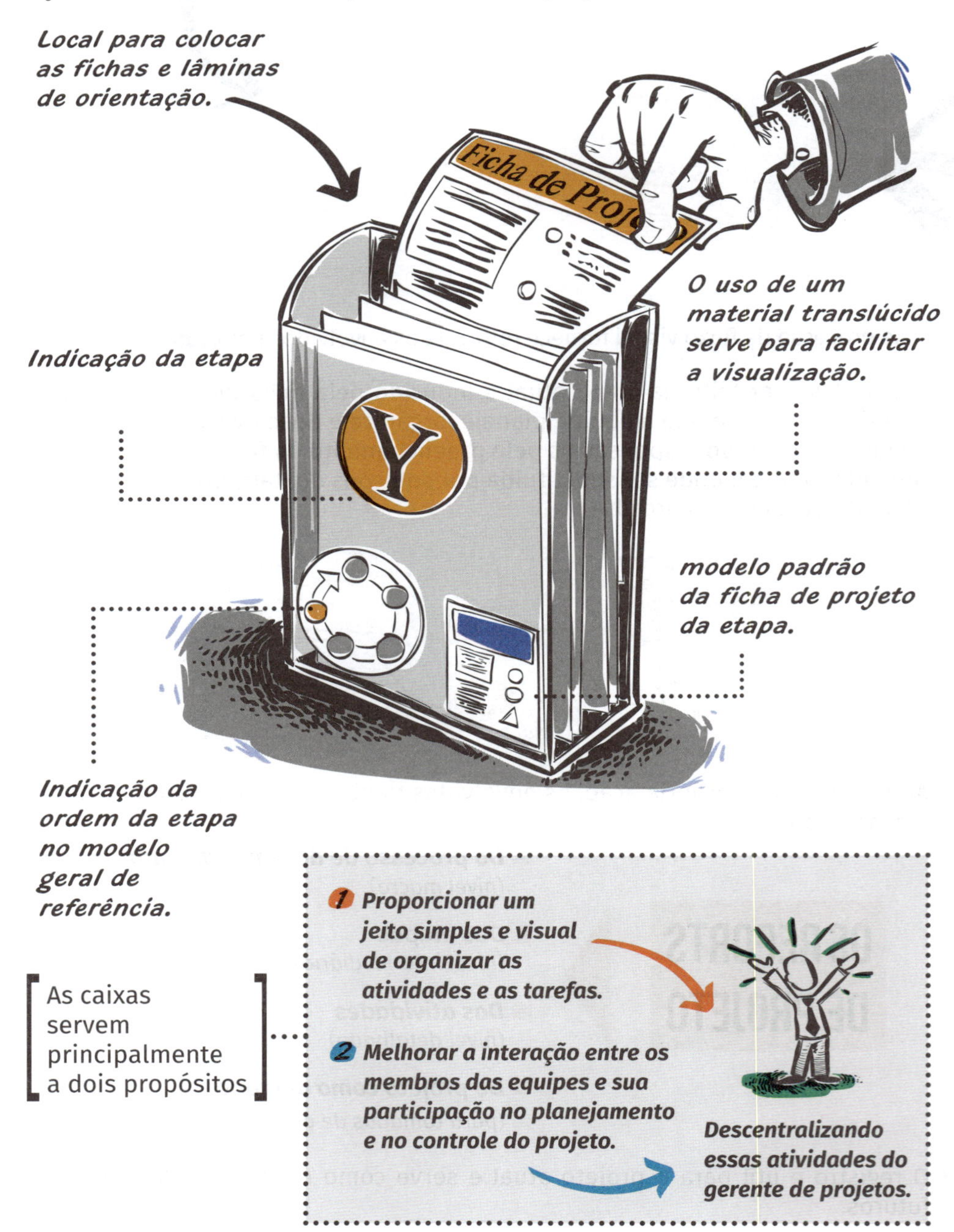

Local para colocar as fichas e lâminas de orientação.
Ficha de Projeto
O uso de um material translúcido serve para facilitar a visualização.
Indicação da etapa
Y
modelo padrão da ficha de projeto da etapa.
Indicação da ordem da etapa no modelo geral de referência.

[As caixas servem principalmente a dois propósitos]

1. **Proporcionar um jeito simples e visual de organizar as atividades e as tarefas.**
2. **Melhorar a interação entre os membros das equipes e sua participação no planejamento e no controle do projeto.**

Descentralizando essas atividades do gerente de projetos.

PASTAS DE PROJETO

Não são ferramentas, mas sim uma prática: os documentos físicos – principalmente papéis – podem ser guardados em uma pasta (assim, ela também servirá como acervo físico após o término do projeto). Sugere-se que ela contenha as fichas de projeto (orientação e saída) e documentos complementares utilizados pela equipe durante a prática projetual.

Além da pasta, pode haver uma caixa de mockups em que podem ser guardados maquetes, mockups e demais objetos confeccionados na etapa de projeto.

ARQUIVOS DIGITAIS

São recursos fundamentais de suporte à gestão. Sugere-se que sejam atualizados de acordo com as etapas e armazenados de forma que possam ser compartilhados entre os membros das equipes de projeto em um servidor remoto ou local (internet ou intranet).

Entenda como esse grupo de ferramentas funciona na gestão visual de projetos:

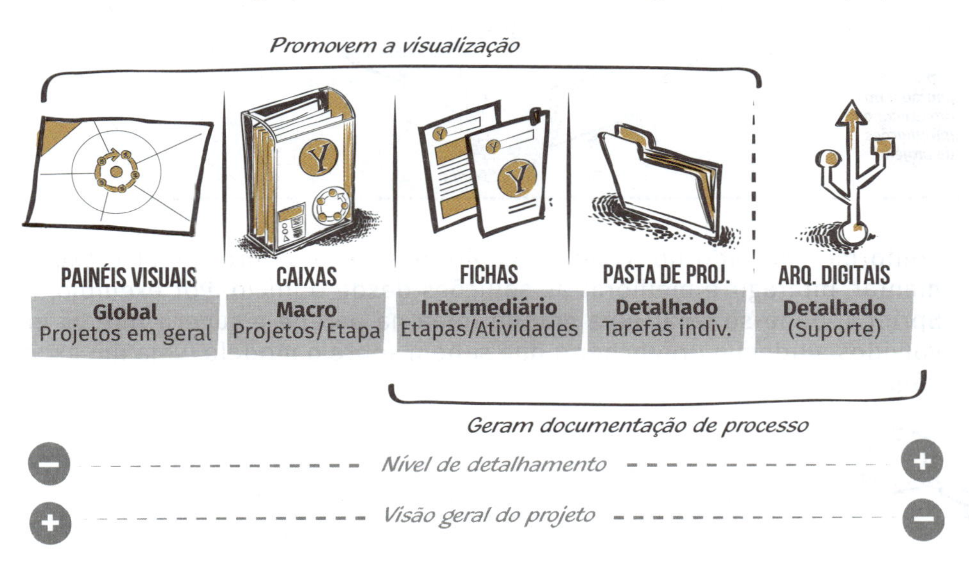

ROADMAP PARA UM MODELO VISUAL[13]

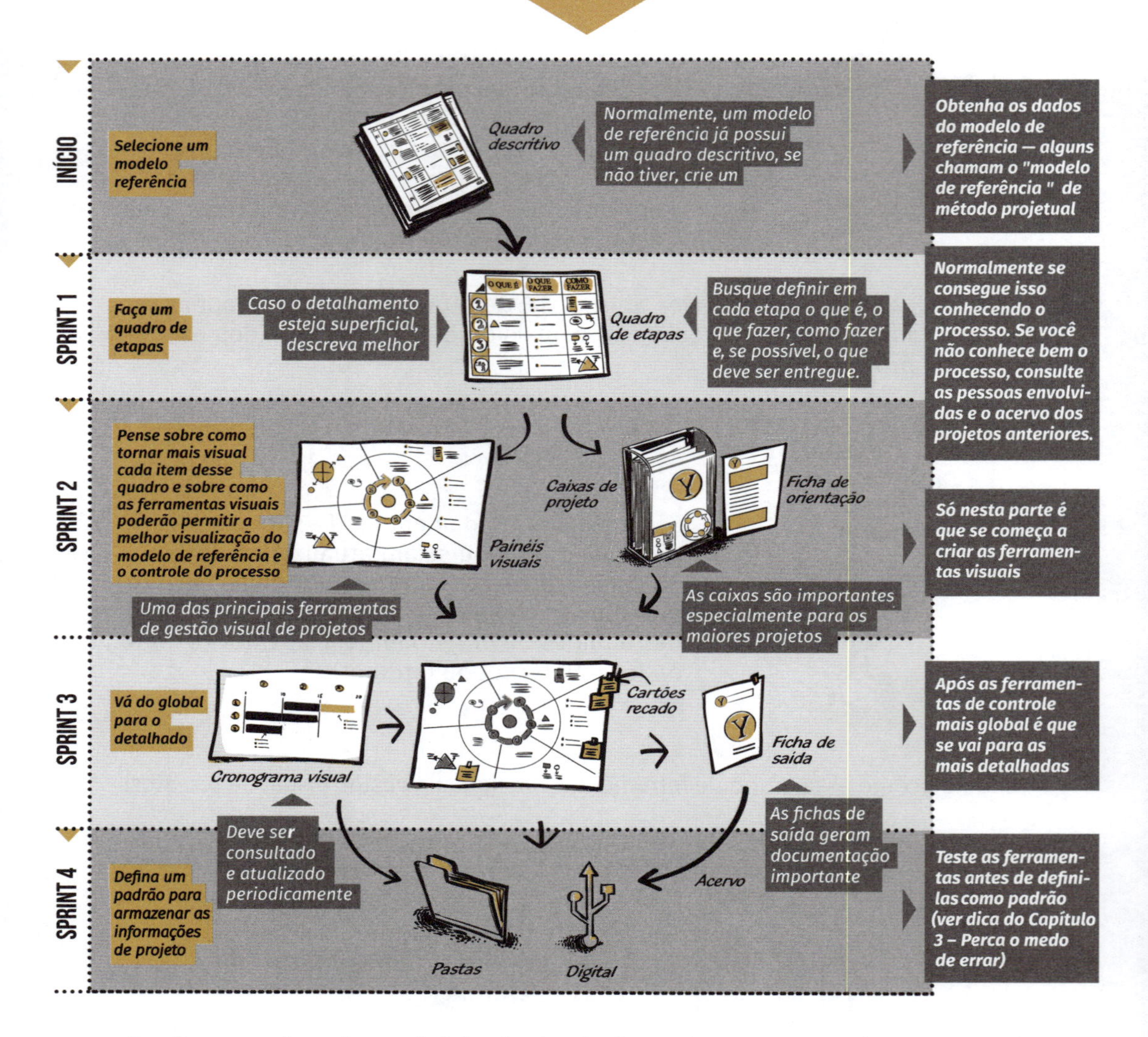

Conforme colocado no início do Capítulo 3, deve-se prototipar e experimentar, interagir e melhorar as soluções desde o início. Por exemplo, no Sprint 1, pode-se colar uma grande folha na parede e sugerir que os envolvidos ajudem a preencher o que sabem sobre o modelo (veja um ex. na página 96).

NOTA:

[13] *Nesse caso, o roadmap serve para que a equipe visualize os principais passos (sprints) da confecção do modelo proposto neste capítulo, esses passos, que não necessariamente são lineares, podem ser ciclos. Para saber mais sobre Roadmaps de Desenvolvimento, pesquise mais sobre métodos ágeis.*

EXTRA! A INCRÍVEL SALA DE CAFÉ

Sugere-se que seja criado um ambiente diferenciado para a equipe de projetos. Um espaço que promova a aprendizagem contínua, a cultura visual e a discussão aberta, favorecendo o pensamento e a gestão visual e assim proporcionando um ambiente de trabalho mais inspirador.

Onde? Sugerimos a sala de café! Equipada com ferramentas visuais e materiais para compartilhar informações.

Isso permite que a equipe se mantenha inspirada pelo contato visual constante com materiais coletados. Ficando imersa nas notas pregadas na parede, a equipe tende a acompanhar melhor o andamento do projeto.

O local pode estar equipado com caixas para cada etapa, fichas de orientação, fichas de saída, painéis visuais, canetas, folhas autoadesivas e demais ferramentas visuais para o acompanhamento do processo e orientações de apoio. O próximo capítulo explica melhor como implementar isso.

DEPOIMENTOS DE EXPERIÊNCIAS PRÁTICAS

"Meus contatos iniciais com a Gestão Visual de Projetos ocorreram de forma gradual e natural. Sempre gostei de desenhar nas horas vagas, e até hoje prefiro organizar minhas atividades de forma visual. Eu e o Júlio somos amigos de infância, desenhávamos personagens, quadrinhos, e até fizemos alguns pequenos projetos profissionais com ilustrações enquanto cursávamos a universidade. Mas o Júlio seguiu para a área do Design e eu, para a Engenharia.

Anos depois, quando ele começou a pesquisar sobre seu tema de doutorado, comecei a vislumbrar a aplicação desses princípios de visualização de forma mais sistemática na minha atividade profissional.

Naquela época, eu atuava como engenheiro residente em um canteiro de obras. Então, plotei a planta do projeto em um grande formato, colei na parede de nosso pequeno escritório no canteiro de obras e usei diferentes cores de canetas para acompanhar e mostrar a evolução da execução do projeto para a equipe. Isso melhorou muito minha visão geral sobre a obra e engajou a equipe no cumprimento dos prazos e metas.

Hoje, na qualidade de sócio de uma empresa de engenharia, atuo na execução e supervisão de projetos de infraestrutura urbana. Talvez pelo afastamento dos canteiros de obra imposto pelas tarefas administrativas da empresa, e pelo desenvolvimento de diversos projetos concomitantes, percebi a necessidade de buscar uma alternativa que me trouxesse de imediato as informações que retratassem o andamento dos projetos em tempo real, de forma lógica e sintetizada. Assim, em conjunto com o Júlio, decidimos por utilizar essa necessidade como ponto de partida para uma pesquisa que acabaria por resultar também na minha monografia[14] de pós-graduação em Gestão e Gerenciamento de Projetos, realizada na UFRJ.

- Paulo Henrique S. Alves.

Engenheiro Sanitarista e Ambiental pela UFSC e Especialista em Gestão de Projetos pela UFRJ (Coautor do Capítulo 3)

NOTA:

[14] O resumo dessa monografia, que teve Júlio como orientador, foi publicado como artigo em um evento do PMI/SP. Para conhecer mais: ALVES, P. H.; TEIXEIRA, J. M. Proposta de dashboard aplicado à operação de indicadores de custo e prazo em gerenciamento de projetos de engenharia: um estudo de caso. In: 15 o Seminário Internacional de Gerenciamento de Projeto, Santo Amaro. Anais. São Paulo: 15SIGP, 2016. p. 1-15. Disponível em: <http://www.pmisp.org.br/2015-09-07-14-50-57/arquivos/doc_download/179-15sigp-proposta-de-dashboard-aplicado-a-operacao-de-indicadores-de-custo-e-prazo-em-gerenciamento-de-projetos-de-engenharia-com-aplicacao-de-um-estudo-de-caso.>. Acesso em: 18 de dezembro de 2016.

O Júlio participou da fundação da Tekoa e, desde o início do nosso trabalho, trouxe os conceitos de Gestão Visual de Projetos. Construímos uma metodologia de marketing digital baseada nos pilares de conteúdo, design, web e mídias online. A gestão dos projetos mostrou-se complexa por envolver vários clientes, um grande número de etapas e áreas do conhecimento.

Primeiramente, disponibilizamos lousas para que as equipes pudessem discutir os projetos de forma visual. Após a implementação disso, buscamos formalizar as etapas e criar as fichas de orientação. Elas deveriam ser utilizadas em conjunto com o software de organização de tarefas gratuito. No entanto, além da equipe estar mais habituada a gestão no meio digital, com a velocidade em que os procedimentos são atualizados nesta área, as fichas físicas não tiveram a adesão esperada, muitas vezes se tornavam obsoletas poucas semanas após ficarem prontas.

Em razão disso, o software e as fichas foram substituídos por uma opção paga que oferecia mais recursos na organização das tarefas. Após mais de um ano de uso, sentimos a necessidade de automatizar mais alguns processos, então o software foi novamente substituído por um que atendesse a tal requisito.

Hoje, estamos com todas as fichas pré-cadastradas no sistema. Ao iniciar um novo projeto, o gestor apenas customiza as etapas e datas a partir do modelo. Dessa forma, todos os participantes têm uma visão geral do andamento das atividades e do que está por vir. Nosso próximo desafio é estender essa visão ao cliente, para que ele também acompanhe as atividades e possa ter uma visualização global do projeto.

-Marco Casarotto

CEO da Tekoa

- Bruna Rovere Reginato

Gestora de projetos da Tekoa

Utilizo painéis e indicadores visuais de forma empírica há quase 20 anos. Desde o colégio faço uso desse tipo de recurso visual para brincar e estudar (costumava fazer painéis visuais para os conteúdos mais complexos... eles tinham até controles de status que informavam o progresso na aprendizagem do conteúdo).

Após trabalhar com o tema Gestão Visual na vida profissional e como tema de pesquisa no doutorado, tive a oportunidade de desdobrar o uso dessas soluções nos mais variados contextos. Desde aplicações em Semanas Kaizen na indústria (chão de fábrica) até em orientações superdinâmicas de noventa startups em quatro horas no programa Sinapse da Inovação - Sebrae/ Fundação Certi (ver Case 2). Nesse ínterim, coordenei equipes de design, e de marketing e vendas no mercado, também desenvolvi e apliquei soluções na academia com alunos na graduação e pós-graduação, além de workshops e consultorias. Algumas ferramentas falharam. Outras funcionaram para um grupo específico e não para outros, mas posso assegurar que os painéis e demais ferramentas visuais, quando alimentados por indicadores e KPIs bem construídos, são ferramentas fenomenais para a gestão de projetos!

-Júlio Monteiro Teixeira

(Autor deste livro)

MÃO NA MASSA

CAPÍTULO 5: DICAS E EXEMPLOS DE IMPLEMENTAÇÃO

COMO IMPLEMENTAR SEU MODELO

[A MUDANÇA DEVE COMEÇAR POR VOCÊ]

Como foi dito, este capítulo apresenta dicas e cases para quem deseja colocar a mão na massa e implementar um modelo de gestão visual no seu ambiente de trabalho, ora exemplificando como simples produtos do cotidiano (alguns disponíveis na papelaria da esquina, outros em fornecedores especializados) podem ser transformados em importantes ferramentas visuais, ora apresentando cases práticos de implementação.

Se deseja tornar o desenvolvimento de projetos mais efetivo, vá do individual para o coletivo, ou seja: a mudança começa por você! Portanto, sugiro que comece gerenciando suas próprias atividades, desde as tarefas pessoais até os seus projetos mais complexos. Pequenas mudanças podem trazer grandes impactos. Na gestão de projetos, pense sempre: casa de ferreiro, espada ninja na vitrine, principalmente se você for da equipe de gestores ou projetistas!

Seguem abaixo algumas dicas para aumentar a produtividade em nível individual (muitas delas também servem para equipes).

Monte um Plano de Tarefas Semanal

Divida seus afazeres semanalmente em:

- ***Tarefas de média e curta duração*** *(até duas horas); e*
- ***Tarefas de longa duração*** *(mais de duas horas)*

Sugestão: *separe ao menos quatro blocos ao longo da semana para tarefas de longa duração. Obs.: pessoas que trabalham de forma mais intensa na execução normalmente precisam de muito mais que isso.*

- ***Tarefas de curta duração*** *(até duas horas):*

Sugestão: *Comece e termine o dia com ao menos um par desse tipo de tarefa. Esse tipo de tarefa também é interessante colocar entre uma longa tarefa e outra, para dar a sensação de que o trabalho está fluindo e as tarefas estão sendo concluídas!*

- ***Fique atento:***
  - Resolva as tarefas desagradáveis primeiro (sua vontade subconsciente sempre será procrastinar. Portanto, resolva logo);

Atenção: *Verificar inbox não é tarefa.*

Evite definir prazos para segunda-feira

A menos que seu objetivo seja mesmo trabalhar no fim de semana, ou que a tarefa seja breve e termine na segunda mesmo.

Por que usar? *Para começar a semana de forma planejada, colocando as questões administrativas em dia. Além disso, você tende a se sentir menos culpado por ignorar atividades que levam grandes períodos de tempo, pois ainda terá o resto da semana de trabalho para fazer isso.*

Além de não ser muito saudável colocar prazos na segunda (pois isso tende a engolir seus momentos de descanso e relaxamento), isso favorece a procrastinação. Durante a semana você tende a empurrar a tarefa com a barriga, e no fim de semana você tende à "autopiedade": "puxa, não é justo ter que fazer essa tarefa bem no fim de semana, vou deixar mais para a frente".

***Obs:** A sugestão do quadro anterior aplica-se aqui também.*

Fique atento:

- Se possível, agende os compromissos da semana neste dia, aquelas reuniões com a equipe de projetos, melhor no período da tarde, pois você e a equipe podem usar a manhã para se preparar para a reunião).

Exponha seu Plano de Tarefas Semanal em local visível

Por que usar? *Visualizar suas tarefas o ajudará a entender as responsabilidades e criar um senso de planejamento.*

***Sugestão:** Use um quadro branco, mas não apague as anotações até o final da semana, para que possa perceber sua performance. E, a partir desse plano, faça uma to do list diária (ver na página a seguir).*

Fique atento:

- Registre com as letras de um tamanho que você consiga ler do seu posto de trabalho e, ao final do dia, veja o que foi feito e atualize para o dia seguinte.

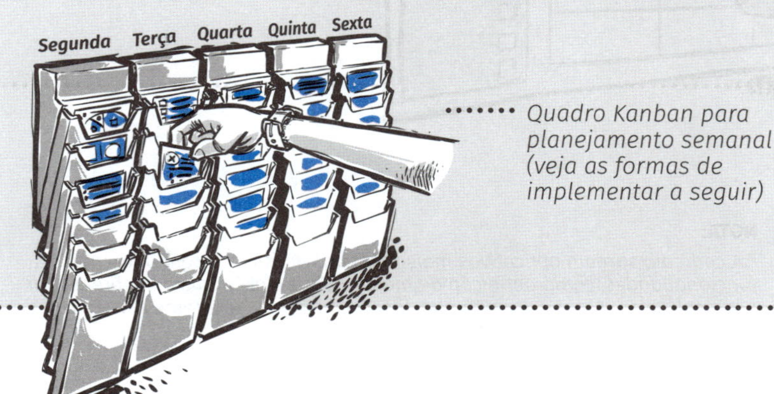

Quadro Kanban para planejamento semanal (veja as formas de implementar a seguir)

To Do List

To do list é, na verdade, o termo em inglês para aquela famosa listinha de tarefas diárias (que alguns chamam de lista de "papel de pão").

- **Por que usar?** *Além de ser bem antiga e comum, ela é uma das coisas efetivas para a gestão de tarefas. Mas é importante ter alguns cuidados:*

Sugestão: *Organize o seu dia na noite anterior ou, se achar muito invasivo, logo cedo. O que mais importa é documentar as tarefas a serem feitas e matar os itens um a um.*

O meio não interessa tanto, você pode usar desde listas de "papel de pão" até os aplicativos mais arrojados do mercado[15] (há pessoas que não abrem mão do seu caderninho de listas diárias, para acompanhar manualmente sua produtividade ao longo dos dias).

- **Fique atento:**
  - *Mantenha o foco nas atividades do dia;*
  - *Seja claro nas descrições;*
  - *Deixe a lista sempre acessível no seu local de trabalho;*
  - *Faça faxinas periódicas, eliminando item a item cada vez que uma tarefa for finalizada;*
  - *No caso de uma tarefa longa que você ainda não conseguiu terminar, crie uma barra de status (ver Capítulo 4).*

Quadro de Planejamento Semanal por meio de To Do Lists (veja as formas de implementar a seguir)

NOTA:

[15] A cada dia surgem aplicativos mais intuitivos, práticos e com diferentes funcionalidades, como definição de metas, subtarefas, notas e lembretes por geolocalização. Alguns permitem inclusive compartilhar tarefas e integrá-las aos calendários eletrônicos de terceiros.

MAIS UM POUCO SOBRE PRAZOS

Prazo é um elemento chave em projeto. Portanto, determine logo no início quando o projeto final será entregue, quando cada etapa, atividade e tarefa devem ser realizadas, e se há alguma relação de interdependência entre fatores.

Existem diferentes técnicas e ferramentas que ajudam a estabelecer o planejamento dos prazos de projeto. Não é o objetivo deste livro abordar esses pontos, mas destacamos aqui alguns deles que devem ser levados em consideração para o planejamento visual do projeto.

Esclarecimento gerais sobre prazos

É importante fornecer expectativas claras. Para isso, defina metas e registre-as visualmente e de forma clara!

No entanto, deve-se lembrar que projetos têm como característica essencial a incerteza. Assim, após estimar prazos (com base em históricos de projetos similares anteriores ou na experiência do gestor e seu time de projetos) as estimativas e metas devem ser definidas e registradas. À medida que o projeto avança, as estimativas podem ser redefinidas.

Para isso, inicialmente decomponha as entregas em atividades e tarefas, definindo responsáveis e prazos. Tenha uma coisa em mente: quanto menor a atividade ou tarefa, mais fácil estimar o prazo e os recursos necessários para realizá-la.

No livro Gerenciamento de Projetos Fora da Caixa, Silva (2016) apresenta um procedimento que ela denomina de "Trilha para planejamento do prazo do projeto". Essa trilha reúne alguns passos básicos que vamos replicar aqui, destacando pontos que podem ser elaborados, propostos e utilizados de forma visual pela equipe durante o planejamento e o desenvolvimento do projeto.

TRILHA PARA PLANEJAMENTO DO PRAZO DO PROJETO

Antes de tudo:

Assumindo que as seguintes atividades já foram realizadas no projeto:
Os stakeholders mais importantes foram identificados, seus requisitos foram registrados e priorizados.
O escopo foi definido e priorizado com base nos requisitos.

O planejamento do prazo do projeto pode ser feito a partir da seguinte trilha:

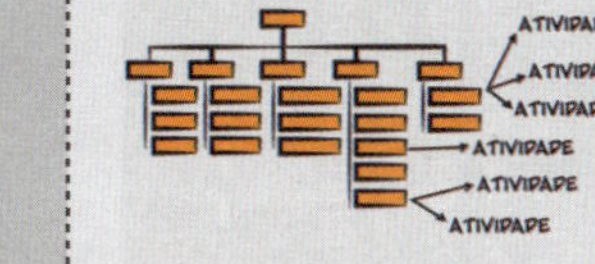

1. Se for necessário, decomponha as entregas do escopo em atividades. Cada entrega (resultado) parcial, pode estar associada a várias atividades (ações).

As entregas mais prioritárias devem estar decompostas em um nível de detalhe suficiente, a ponto de ser possível estimar, planejar e executar ações, para estarem concluídas.

As demais entregas não precisam ser decompostas, caso não seja possível. À medida que o projeto avançar, a decomposição ocorrerá de forma natural.

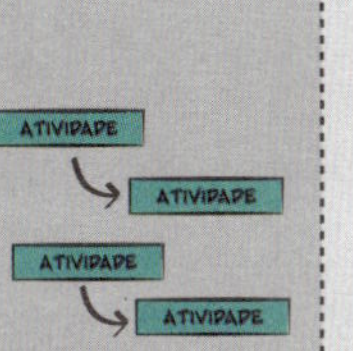

2. Estabeleça a ordem em que as atividades deverão ser executadas. Essa ordem é importante porque, muitas vezes, o resultado de uma atividade serve de insumo para outra. Ou seja, nesse caso, a ordem é obrigatória.

3. Defina os papéis (recursos) necessários para executar as atividades. Verifique se existem recursos disponíveis para o projeto e qual é a real disponibilidade.

Para as entregas de alto nível, muitas vezes, não será possível determinar recursos nem realizar estimativas detalhadas. Faça estimativas aproximadas no início e refine depois.

4. Estime o esforço (horas) necessário para executar as atividades, bem como a duração, baseando-se no recursos e no histórico de atividades similares disponíveis. Não deixe de levar em conta as disponibilidades reais. Logo, se a disponibilidade de uma pessoa é de meio dia, isso impactará na duração para completar a atividade.

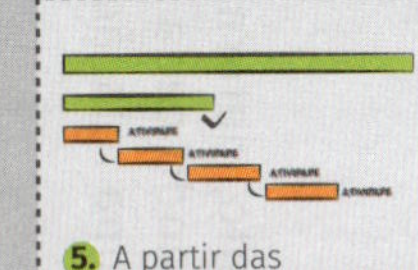

5. A partir das atividades, sua sequência, os recursos e suas disponibilidades e a duração, insira todas essas informações em um calendário, com dias úteis e não úteis.

O cronograma do projeto é resultado de todas essas ações.

Se o prazo não atende às expectativas, verifique se existem formas adequadas de comprimir o cronograma:

- **Executar atividades em pararelo.**
- **Adicionar mais recursos às atividades para reduzir a duração.**
- **Reduzir escopo.**
- **Reduzir a qualidade da entrega.**
- **O outra alternativa.**

Após o planejamento dos riscos, se ainda forem definidas ações para minimizar impactos negativos, atualize o cronograma com essas ações planejadas.

Adaptado de Silva (2016)

RECURSOS DISPONÍVEIS NO MERCADO

Parte dos princípios e ferramentas de gestão visual utilizados nos escritórios de projetos foram adaptados de soluções já existentes e utilizadas no chão de fábrica, ou seja, na indústria. Claro que não é possível tratar o PDP da mesma forma que o processo produtivo de uma fábrica. No entanto, após adaptações, grande parte das soluções podem ser utilizadas.

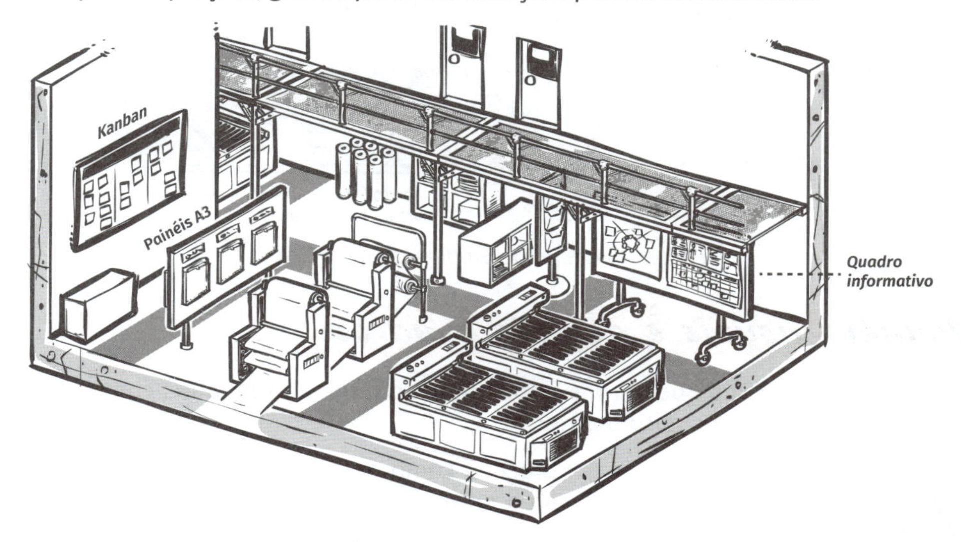

Gestão Visual no chão de fábrica

Uma das principais vantagens de a gestão visual já ser amplamente conhecida e aplicada no chão de fábrica é que, atualmente, existem empresas especializadas na produção e venda de ferramentas visuais. Tais empresas vendem e customizam soluções direcionadas para as necessidades de cada cliente. Veja a seguir algumas dicas e ideias de como implementar a gestão visual no seu ambiente de projetos.

PROMOVENDO A COMUNICAÇÃO NO AMBIENTE DE PROJETOS

Sala Equipada

Para promover a visualização das informações de projeto, nada melhor que uma sala totalmente equipada para isso.

A seguir um exemplo de uma sala modelo proposta por Sibbet (2015)[16].

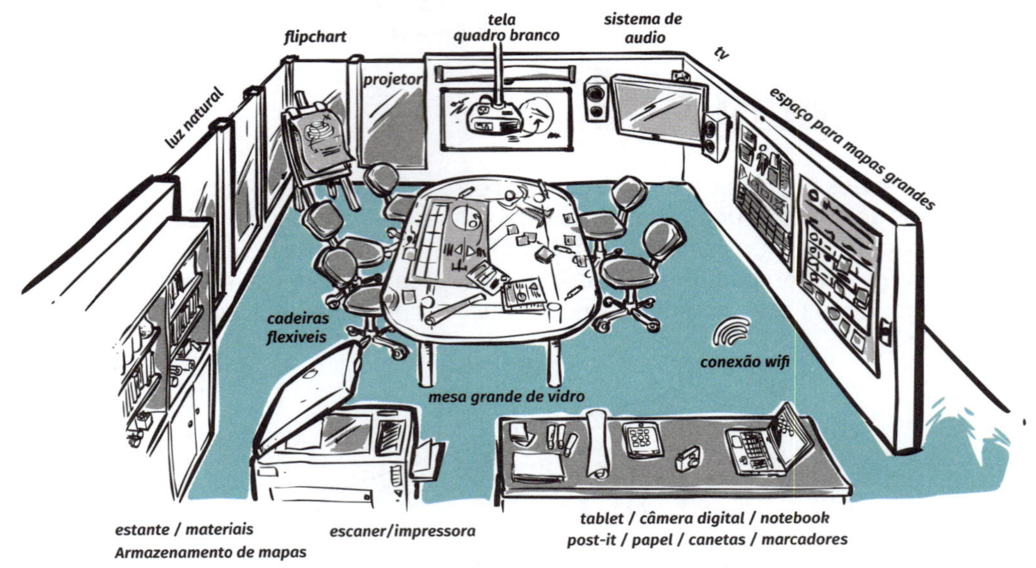

Fonte: Adaptado de Sibbet (2015, pág. 84).

Painéis visuais e demais quadros:

Muitas das soluções que vamos apresentar aqui estão alinhadas com os painéis visuais indicados no capítulo anterior.

Dashboards

Soluções como as que são apresentadas a seguir estão entre as ferramentas visuais que mais obtiveram relatos e confirmações de sucesso entre os desdobramentos da Gestão Visual de Projetos. Essas soluções têm funcionado tanto para projetos menores quanto maiores e para as mais diferentes necessidades. No entanto, quando a equipe trabalha de forma remota e não tem um ponto físico para encontros periódicos, deve-se procurar alternativas digitais mais próximas a esse conceito. Cabe, porém, o alerta de Sibbet (2013): mídias que ligam e desligam não permitem que esse tipo de ferramenta tenha o mesmo impacto do que quando aplicadas no modo analógico; foi possível confirmar isso na prática inúmeras vezes. Claro, há muito valor e outras vantagens em usar apresentações, dashbords e quadros indicativos de forma eletrônica, mas isso é assunto para mais um livro.

NOTA:

[16] *A sala de projetos proposta por Sibbet (2015) foi adaptada conforme as premissas e os requisitos apresentados no Capítulo 4. Ela pode ser uma sala de projetos, de reuniões, um corredor ou até a sala do café, como é proposto por Eppler e Platts (2009). O que importa é: quanto mais visível para as pessoas no cotidiano e mais viável para disponibilizar as ferramentas e recursos visuais, melhor.*

Mais quadros indicativos...

Use e abuse deles. Seja de forma analógica (quadros impressos a partir dos reports de projetos), seja digital (dashboards digitais gerados por softwares e demais formas de controle digital). A seguir, alguns exemplos de soluções analógicas disponíveis no mercado.

Quadro informativo com área de escrita.

Tamanho sugerido: 1200 mm x 1850 mm
Altura sugerida (topo do quadro): 1950 mm

Esse tipo de ferramenta permite exibir informações impressas e realizar anotações rápidas no mesmo quadro, economizando espaço.

Escaninhos também são bastante utilizados como kanbans para controle de status em setores da manufatura, da manutenção, de serviços e também podem ser utilizados para a gestão de fluxo de projeto. Eles são comercializados em diferentes cores. Dessa forma, pode-se usar uma cor para cada status da tarefa. Por exemplo:

Quadros Kanban de Projetos.

Os Quadros Kanban podem funcionar como ferramenta intermediária na gestão de projetos, pois atendem, em parte, à proposta dos painéis visuais (ao fornecer uma visão global do projeto) e também das caixas de projetos (que promovem o fluxo contínuo das atividades e informações).

Existem acessórios para esses escaninhos que podem ajudar ainda mais sua equipe a organizar o PDP.

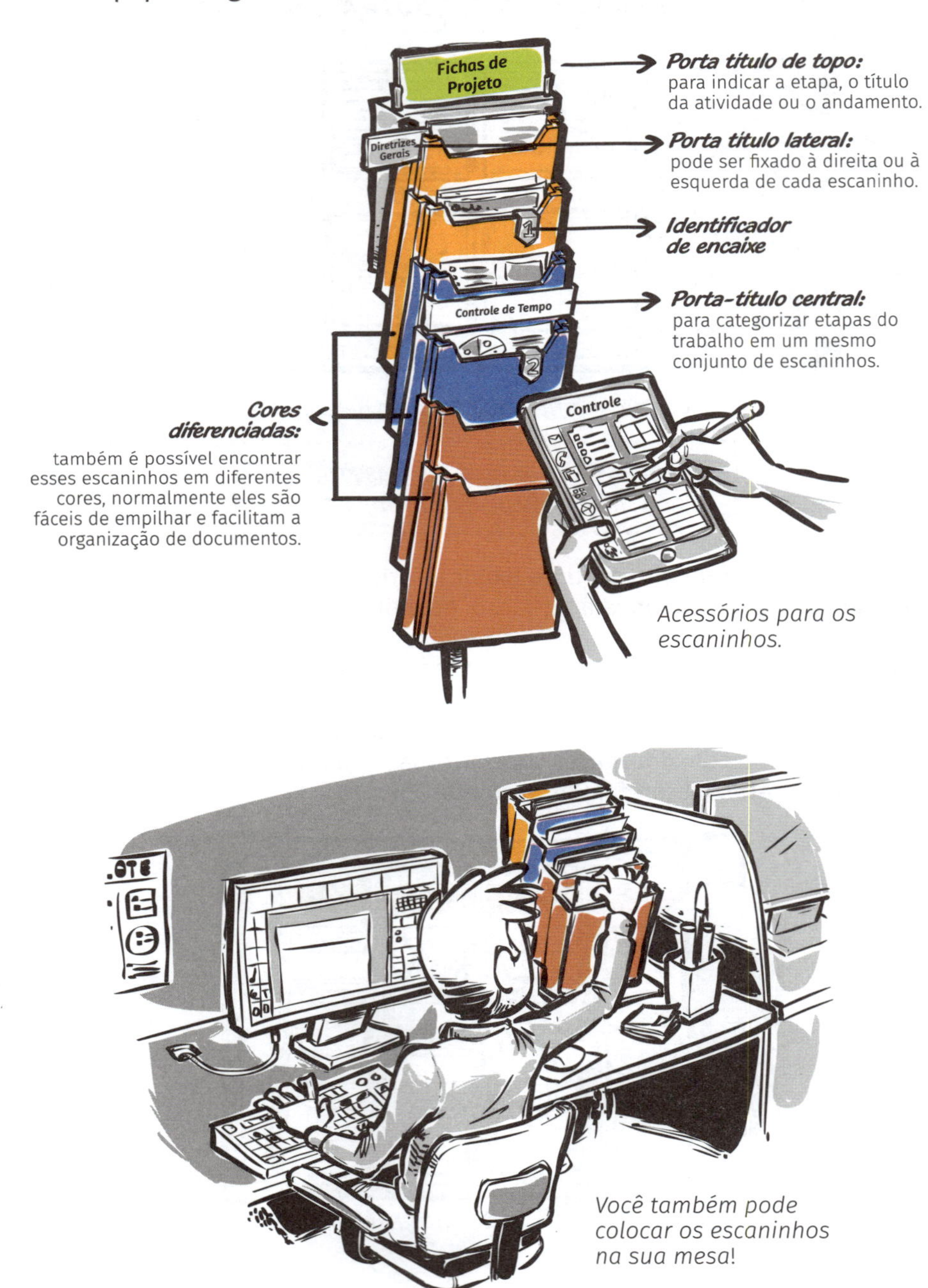

Fichas de Projeto
Diretrizes Gerais
Controle de Tempo
Controle
Porta título de topo:
para indicar a etapa, o título da atividade ou o andamento.
Porta título lateral:
pode ser fixado à direita ou à esquerda de cada escaninho.
Identificador de encaixe
Porta-título central:
para categorizar etapas do trabalho em um mesmo conjunto de escaninhos.
Cores diferenciadas:
também é possível encontrar esses escaninhos em diferentes cores, normalmente eles são fáceis de empilhar e facilitam a organização de documentos.

Acessórios para os escaninhos.

Você também pode colocar os escaninhos na sua mesa!

Caixas de Projetos e displays de parede

Além das caixas de projetos, outras soluções podem ser utilizadas. Entre as demais soluções disponíveis no mercado, cabe apresentar:

Pasta de parede.

- **Pasta de parede:** A solução, por envolver os documentos com material de alta transparência, permite que as informações fiquem organizadas e próximas à equipe e, ao mesmo tempo, protege os documentos, mantendo-os limpos e conservados. Quando necessário, o projetista pode retirar a pasta do suporte, discutir o assunto com a equipe e retornar a pasta ao seu lugar. Além disso, essas pastas são fixadas na parede e o suporte de pasta possui inclinação que permite que as pastas permaneçam abertas da forma desejada.

Suporte de pasta.

- **Display de PVC:** Essa solução pode ser facilmente encontrada nas orientações retrato ou paisagem em PVC cristal de 0,6 mm. Os tamanhos mais comuns são A5, A4, A3 e Carta.

  Da mesma forma que os escaninhos, existem displays de PVC e porta-folhas que também podem ser empilhados formando uma cascata para organizar documentos de forma elegante.

Display de PVC.

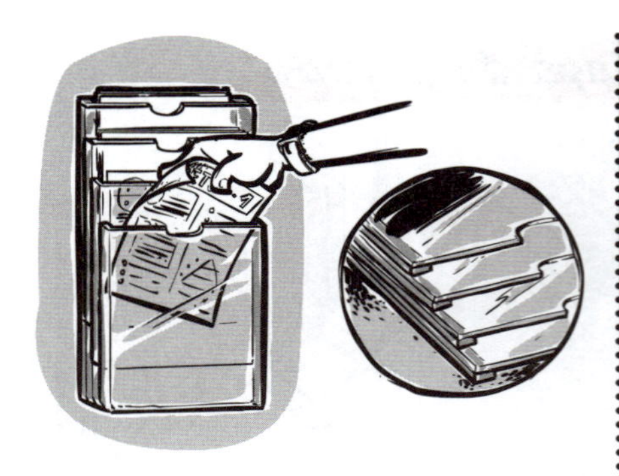

Tamanho: 340 mm X 325 mm.
Fixação: Adesivo

- **Porta-folhas:** Essa solução normalmente é disponibilizada na orientação retrato.

Para as fichas de orientação, uma solução fácil, acessível e barata é plastificar as impressões. Esse recurso aumenta bastante a durabilidade das fichas. A maioria das gráficas rápidas tem esse serviço de plastificação a quente, não será difícil encontrar!

Nesta altura do livro, você já deve ter percebido que são inúmeras as possibilidades para melhorar a visualização do PDP no ambiente de projetos, mas, antes de mostrar alguns cases de implementação, cabe esclarecer por que o Lemming não é apresentado por meio de um padrão único.

POR QUE NÃO PROPOR LEMMING COMO UM MODELO PADRÃO PARA TUDO?

Mesmo reconhecendo que um modelo simples, pronto e único ajudaria a difundir o Lemmig enquanto proposta, com o tempo foi possível aprender que, normalmente, na gestão de projetos, os modelos necessitam de adaptações para funcionar em novos contextos. A partir da prática, de relatos e de pesquisas científicas, constatei o que outros especialistas da área já afirmavam: existe aderência de alguns padrões, práticas, procedimentos e ferramentas. No entanto, modelos de gestão de projetos usualmente requerem adaptações. Como foi colocado na apresentação deste livro, além das especificidades de cada contexto, também existe relação entre o porte da empresa e do projeto, e os tipos de modelo a serem adotados, adaptados ou desenvolvidos.

Propor um modelo único que tenha ampla possibilidade de aplicação sem adaptações estruturais seria reduzir os princípios a um grupo de ferramentas. O principal valor de utilizar a Gestão Visual de Projetos está no processo e na criação de uma cultura visual e ágil na organização, e não apenas na implementação de um modelo específico ou um grupo de ferramentas. Inclusive, alguns dos cases aqui expostos ratificam isso. Veja, por exemplo, a seguir, o relato de Bruno Ghisi (Case 4). Segundo ele, a Resultados Digitais teve que fazer mudanças significativas na forma que gerenciava projetos para acompanhar o escalonamento da empresa e do produto.

Diante disso, cabe a pergunta: qual legado você e sua equipe estão deixando para a organização? Uma entrega mais assertiva e rápida? Um processo mais organizado? Mais visual? O registro das práticas? E por fim... Qual a melhor forma de fazer tudo isso?

A resposta está com você e a sua equipe, este livro apenas o ajudará a achar caminhos, mas dificilmente o levará a um modelo único e inequívoco. Mas, para que você não fique tão aflito e assustado com o desafio, separamos alguns cases para que você tenha uma ideia de como colocar seu plano em prática.

REFERÊNCIAS CITADAS NO TÓPICO:

EPPLER, M.; PLATTS, K.. Visual Strategizing: The Systematic Use of Visualization in the Strategic-Planning Process. **Long Range Planning**, [s.l], v. 42, n. 1, p. 42-74, 19 jan. 2009. Trimestral. Disponível em: <http://www.sciencedirect.com/science/article/pii/S0024630108001180>. Acesso em: 28 fev. 2009.

SIBBET, D.. **Equipes Visuais:** ferramentas gráficas para compromentimento, inovação e alta performance. Rio de Janeiro: Alta Books, 2015. 312 p.

SIBBET, D.. **Reuniões Visuais**: como gráficos, lembretes autoadesivos e mapeamento de ideias podem transformar a produtividade de um grupo. Rio de Janeiro: Alta Books, 2013. 292 p.

SILVA, F. B. **Gerenciamento de Projetos Fora da Caixa**: Fique com o que é relevante. Rio de Janeiro: Alta Books, 2016. 208 p.

É importante esclarecer que existem diferentes abordagens quanto à Gestão Visual de Projetos. Os cases apresentados a seguir podem envolver diferentes níveis, a saber:

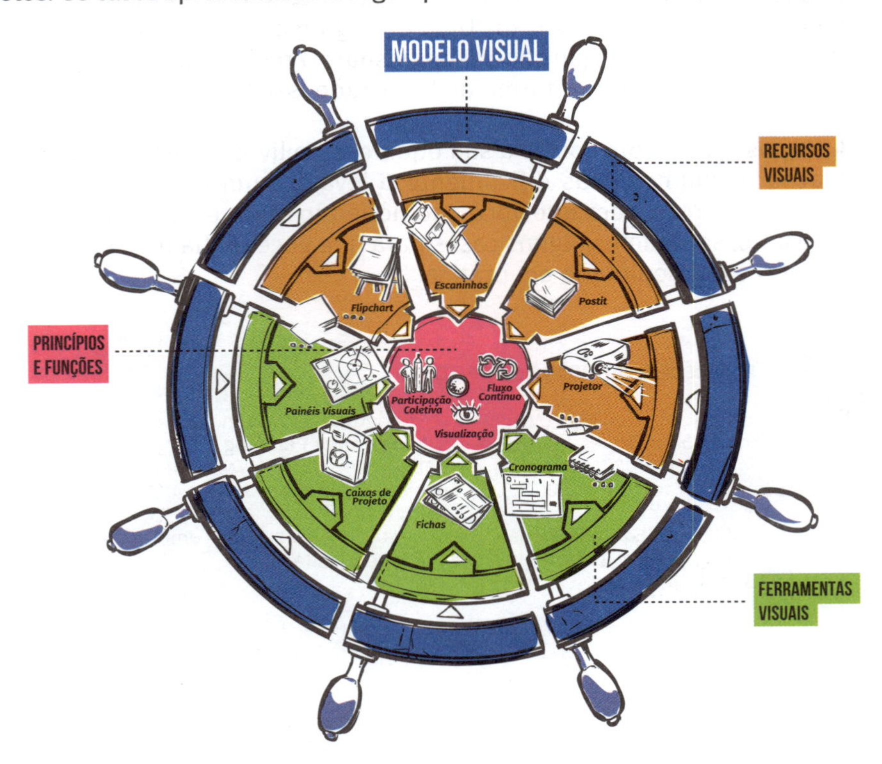

O nível central indica que os **princípios e funções** da Gestão Visual de Projetos foram aplicados. O nível intermediário já pressupõe também o uso de recursos e ferramentas visuais. Portanto,consideram-se aqui como **recursos visuais**: aplicações de soluções disponíveis em qualquer papelaria (flipcharts, post-its etc.) e **ferramentas visuais**: soluções mais específicas criadas por terceiros ou pela própria organização. Por fim, chama-se de: **modelo visual** o caso em que o modelo de referência evoluiu, incorporando procedimentos, ferramentas e recursos mais visuais. A seguir, é possível identificar qual nível cada um dos cases incorpora à Gestão Visual de Projetos.

CASE 1

Envolve todos os níveis. Foi o primeiro caso de transformação de um modelo de referência em um modelo visual.

CASE 2

Além de princípios e funções, envolve a criação de uma ferramenta visual específica.

CASE 3

Apresenta os princípios e funções da Gestão Visual de Projetos, principalmente, no apoio à tomada de decisões no PDP.

CASE 4

Não ocorreu sob orientação do autor deste livro. No entanto, utilizou princípios, funções e recursos visuais alinhados à Gestão Visual de Projetos.

CASE 5

Ocorreu na mesma empresa do Case 4. Porém, nesta situação, uma ferramenta visual foi desenvolvida sob orientação do autor.

CASE 6

Não ocorreu sob orientação do autor deste livro. No entanto, utilizou princípios, funções, recursos e ferramentas visuais alinhados à Gestão Visual.

CASE 1: A CRIAÇÃO E USO DE FERRAMENTAS VISUAIS JUNTO AO GODP

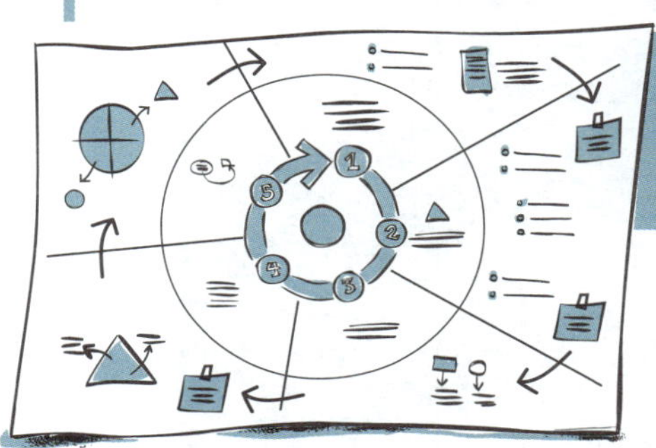

A APLICAÇÃO DOS PRINCÍPIOS DE GESTÃO VISUAL DE PROJETOS NO GODP.

Este case apresenta a utilização dos princípios e ferramentas de Gestão Visual de Projetos no Guia de Orientação para Desenvolvimento de Projetos – GOPD e a avaliação dos membros de equipe (alunos) que foram usuários das ferramentas visuais em projetos práticos. Os projetos foram desenvolvidos e aplicados de forma similar em diferentes instituições de ensino. Os resultados demonstram como as ferramentas foram percebidas por esses estudantes.

A evolução e aplicação do Modelo de Gestão Visual e das ferramentas visuais ao GODP já foram relatadas em dezenas de publicações científicas com a participação de diferentes autores. Entre tais publicações, cabe ressaltar a tese de doutorado de Teixeira (2015) – autor deste livro, juntamente com Eugenio Merino, que foi o orientador da tese.

RELATORES DO TÓPICO

Júlio Monteiro Teixeira

- Designer Gráfico, mestre em Gestão de Design e doutor em Engenharia de Produção.
- Professor do curso de Design – *UFSC*

julio.teixeira@ufsc.br

Eugenio Andrés Díaz Merino

- Desenhista Industrial, mestre e doutor em Engenharia de Produção.
- Professor do Curso de Design – UFSC.

eugenio.merino@ufsc.br

Nota de esclarecimento:

ORIGEM DO GODP:

Antes da criação das ferramentas visuais o GODP já vinha sendo desenvolvido e aprimorado por Giselle Merino no Núcleo de Gestão de Design – NGD/UFSC. A proposta formal do GODP foi consolidada cientificamente por meio da tese de doutorado de Giselle (para saber mais: Merino, G. Metodologia para a prática projetual do Design: com base no projeto centrado no usuário e com ênfase no Design Universal. 242f. Tese de Doutorado em Engenharia de Produção, Universidade Federal de Santa Catarina. Florianópolis, 2014).

CONHECENDO OS CASOS

A aplicação e avaliação das ferramentas visuais, bem como a análise dos resultados, foram realizadas de forma similar em duas turmas de alunos de graduação em Design de diferentes instituições de ensino, a saber:

Caso 1: realizado na Universidade Federal de Santa Catarina (UFSC), durante o segundo semestre letivo de 2012 no curso de graduação em Design, na disciplina denominada Projeto 15

A disciplina possuía carga horária de 74 horas, distribuídas em quatro créditos semanais. O cronograma dividiu-se em dois projetos práticos: Projeto 1 (P1) e Projeto 2 (P2). O P1 teve como tema o desenvolvimento de utensílios para uso doméstico direcionados ao preparo de alimentos. Já o P2, ocorreu por meio de uma parceria público-privada com uma empresa que atua na área de Telecomunicações, Redes e Segurança Eletrônica na região da Grande Florianópolis. Para o P1, foram disponibilizadas cinco semanas de desenvolvimento e para o P2, dez semanas. A turma era composta por dez alunos, agrupando-se os alunos em quatro equipes de projeto com dois a três integrantes cada.

Caso 2: realizado no Instituto Federal de Santa Catarina (IFSC), durante o primeiro semestre letivo de 2015 no Curso Superior de Tecnologia em Design de Produto, na disciplina denominada Design de Utilidades.

A disciplina possuía carga horária de 120 horas distribuídas em seis créditos semanais, e o cronograma dividiu-se em dois projetos práticos, o Projeto Rápido (PR), com duração de seis semanas, e o Projeto Integrador (PI), com doze semanas; em ambos os projetos o modelo foi aplicado. A temática do PR foi voltada para ferramentas de carpintaria e a do PI, utensílios domésticos para uso na cozinha. Por fim, a turma era composta por dez alunos, agrupados em três equipes de projeto com um número de dois a quatro integrantes por equipe.[17]

NOTA:

[17] *O Modelo e as ferramentas de Gestão Visual de Projetos que já foram relatados em dezenas de publicações científicas, no entanto, uma publicação científica relata esses dois cases de forma próxima ao que é relatado aqui, veja em: TEIXEIRA, J. M. et al. A percepção do usuário a partir do uso de um Modelo de Gestão Visual de Projetos: estudos de caso em cursos de design Educação Gráfica, Bauru (v 20, n. 3, p. 335-364, dez. 2016.). Disponível em: <http://www.educacaografica.inf.br/>. Acesso em: 20 mar. 2017.*

UMA PROPOSTA DE GESTÃO VISUAL DE PROJETOS FEITA SOB MEDIDA

O GODP foi escolhido como base para a aplicação do modelo pois, além do seu reconhecimento no meio científico, a proposta estrutural apresentava características relevantes ao conceito de desenvolvimento de projetos e de gestão visual, tais como: orientação por macrofases (inspiração, ideação e implementação), etapas e subetapas; uso de variação cromática para auxiliar na orientação visual das etapas, entre outras.

Guia de orientação para o desenvolvimento de projetos - GODP.

Fonte: Merino (2014).

Para facilitar o uso em diferentes contextos, diferentes soluções visuais foram criadas.

As principais ferramentas visuais exploradas foram: painéis e cronograma visual; caixas de projeto, fichas de orientação; fichas de saída, pastas e cartões-recado (de forma semelhante ao que foi apresentado no Capítulo 4).

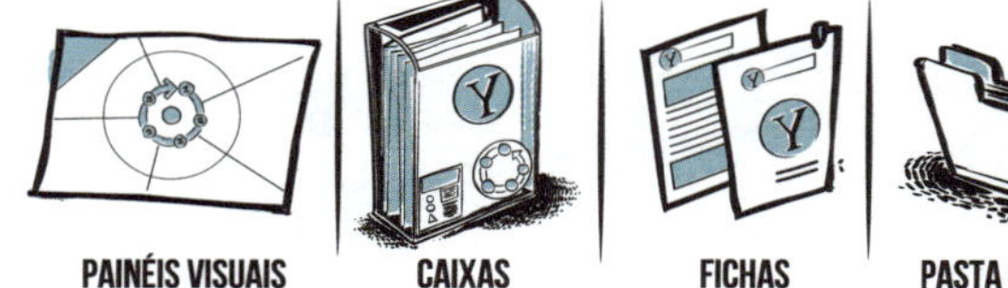

APLICAÇÃO NOS ESTUDOS DE CASO

Como proposto no capítulo anterior (ver: A incrível sala de café) os ambientes em que se desenvolveram os projetos foram adaptados para facilitar a utilização de ferramentas e demais recursos visuais.

Em ambas as instituições, foi entregue um "kit de ferramentas" para cada equipe de projeto. O kit incluía: uma pasta de projeto (para o acervo material do processo de desenvolvimento); um cronograma visual (para a organização das atividades); fichas de orientação e de saída e uma impressão em tamanho A0 do painel visual.

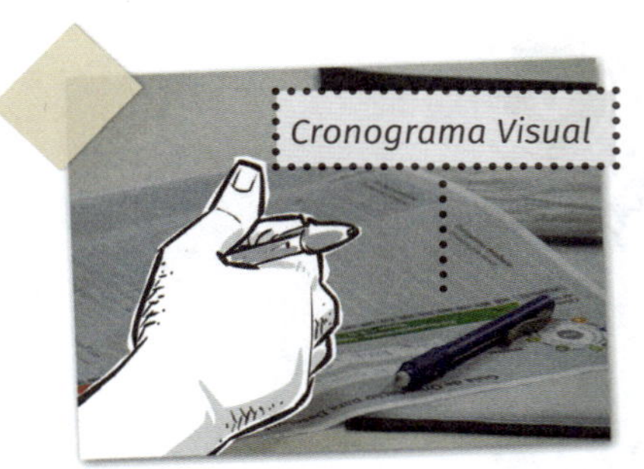

As fichas de orientação foram utilizadas como suporte aos alunos no esclarecimento de como poderia ser feito o desenvolvimento de cada etapa, indicando o que é, como fazer e para quê é indicada cada atividade.

Além de realizar as atividades, os membros da equipe também se dividiam no gerenciamento das entregas. Tais ações de gerenciamento eram induzidas pelas fichas de entrega, que solicitavam que a equipe planejasse, organizasse e descrevesse suas atividades etapa por etapa, indicando quem seria o responsável pelo preenchimento da ficha.

Como dito, foi desenvolvida uma Ficha de Orientação para cada etapa. Você pode baixar essas fichas gratuítamente em: http://paginas.juliomontex.com.br/ferramentas-para-modelo-de-gestao-visual.

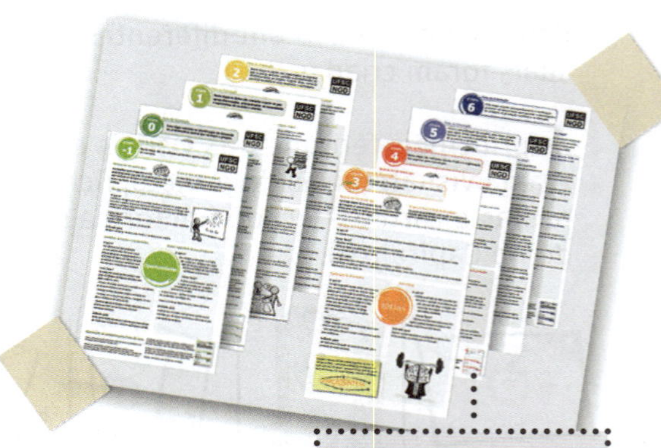

A tabela a seguir sintetiza as principais diferenças entre as duas situações-caso:

CARACTERÍSTICAS	CASO 1: UFSC	CASO 2: IFSC
Ano de realização:	*2012/2*	*2015/1*
Curso:	*Graduação em Design*	*Curso Superior de Tecnologia em Design de Produto*
Carga horária da disciplina de projeto:	*74 horas com 4 créditos semanais*	*120 horas com 6 créditos semanais*
Tempo de duração do projeto de curta duração e tema:	***P1:** 5 semanas (equivalentes a 20 créditos em sala de aula). **Tema:** Utensílios Domésticos para cozinha*	***PR:** 6 semanas (equivalentes a 36 créditos em sala de aula). **Tema:** Ferramentas de Carpintaria*
Tempo de duração do projeto principal e tema:	***P2:** 10 semanas (equivalentes a 40 créditos de sala de aula). Tema: Equipamentos para telecomunicações e segurança eletrônica.*	***PI:** 12 semanas (equivalentes a 72 créditos de sala de aula). Tema: Utensílios domésticos para cozinha.*
Variação no uso das ferramentas visuais do modelo	*1 Caixa de projeto translúcida fixada na parede, conforme descrição de Teixeira (2015, p. 172 e 237); 2 Sem orientação de preenchimento de cartões-recado; 3 Com uso de todos os painéis propostos por Teixeira (2015, p. 170)*	*1 Um envelope pardo de 250 mm x 353 mm para cada etapa; 2 Orientação de preenchimento de cartões-recado, conforme Teixeira (2015, p. 236); 3 Sem uso do painel fixo e móvel, apenas painel de equipe.*

A PERCEPÇÃO DOS USUÁRIOS

Após o desenvolvimento dos projetos, foi realizada uma avaliação quanto à percepção dos usuários sobre as ferramentas visuais. Os questionários de pesquisa apresentavam estrutura equivalente, mantendo idênticas as questões centrais. Em ambos os casos, a aplicação do instrumento de pesquisa com usuários ocorreu em sala de aula.

A partir da coleta, os dados foram tabulados e analisados utilizando-se planilhas eletrônicas de cálculo estatístico. Optou-se por não aglutinar ou comparar dados entre as instituições, pois os estudos de caso, apesar de terem uma estrutura similar, foram aplicados em contextos diferentes, com carga horária diferente, e os dados foram coletados em espaço e tempo distintos.

A seguir, os resultados são apresentados na seguinte ordem: questões gerais sobre as ferramentas visuais, percepção acerca do desenvolvimento como equipe, compreensão do processo e desenvolvimento do projeto e relevância do modelo em nível pessoal.

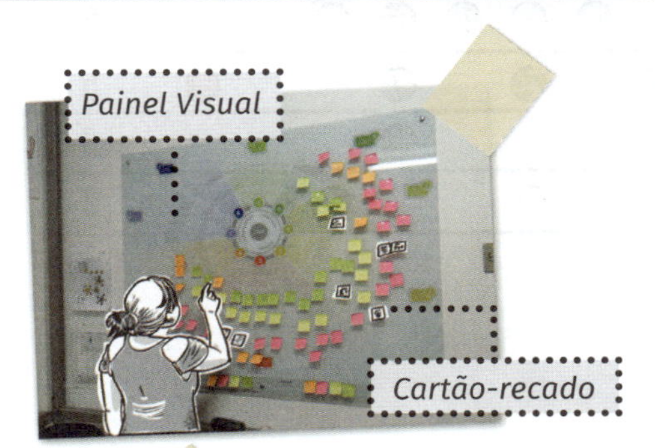

PERCEPÇÃO DOS ALUNOS DA UFSC

Dez estudantes participaram do estudo de caso 1, e a média de idade era de 21 anos (desvio-padrão de 1,4 ano), sendo sete do gênero feminino e três do gênero masculino. Todos os estudantes relataram já ter desenvolvido ou auxiliado em projetos de design ou áreas afins previamente, mas apenas três haviam utilizado alguma ferramenta visual.

A principal potencialidade percebida pelos estudantes do estudo de caso 1 sobre as ferramentas visuais foi o acesso mais ágil à informação, tendo havido uma concordância de todos os estudantes para essa potencialidade, como observado na figura a seguir. Metade dos estudantes percebeu o potencial do modelo em auxiliar na padronização do trabalho e aderência aos processos e metade também concorda que o modelo tem potencial de tornar visíveis anormalidades. Outras potencialidades também foram percebidas: o incentivo ao trabalho colaborativo e aberto (três pessoas), a possibilidade de tornar o projetista autossuficiente no uso do modelo (duas pessoas).

POTENCIALIDADES SOBRE AS FERRAMENTAS VISUAIS PERCEBIDAS PELOS ESTUDANTES DA UFSC

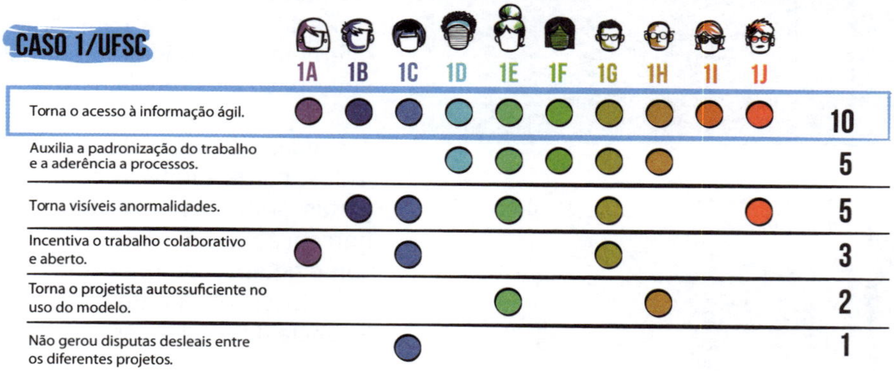

CASO 1/UFSC	1A	1B	1C	1D	1E	1F	1G	1H	1I	1J	
Torna o acesso à informação ágil.	●	●	●	●	●	●	●	●	●	●	10
Auxilia a padronização do trabalho e a aderência a processos.				●	●	●	●	●			5
Torna visíveis anormalidades.		●	●		●		●			●	5
Incentiva o trabalho colaborativo e aberto.	●		●				●				3
Torna o projetista autossuficiente no uso do modelo.					●			●			2
Não gerou disputas desleais entre os diferentes projetos.			●								1

Como se pode observar no gráfico a seguir, poucas fragilidades foram apontadas. Não foram percebidas fragilidades relacionadas ao incentivo ao trabalho colaborativo, à padronização do trabalho e à aderência aos processos.

FRAGILIDADES DAS FERRAMENTAS DE ACORDO COM OS ESTUDANTES DA UFSC

CASO 1/UFSC

	1A	1B	1C	1D	1E	1F	1G	1H	1I	1J	
Não torna o projetista autossuficiente no uso do modelo.			●	●		●	●		●	●	8
Torna o acesso às informações mais lento.		●									1
Não torna visíveis anormalidades.								●			6
Não incentiva o trabalho colaborativo e aberto.											Ø
Dificulta a padronização do trabalho e a aderência aos processos.											Ø

O conjunto de ferramentas de visualização facilita a participação e colaboração da equipe para a maioria dos estudantes, como observado a seguir.

PERCEPÇÃO DOS ESTUDANTES DA UFSC EM RELAÇÃO À FACILITAÇÃO DA PARTICIPAÇÃO E COLABORAÇÃO DA EQUIPE A PARTIR DAS FERRAMENTAS VISUAIS

CASO 1/UFSC

- Em que nível o conjunto de ferramentas de visualização facilita a participação e colaboração da equipe?

Facilita pouco 1	2	3	Neutro 4	5	6	Facilita muito 7
			1B, 1A	1J, 1H, 1G, 1F, 1D	1I, 1E	1C

Na figura a seguir, os estudantes indicam que a utilização de painéis visuais, fichas de orientação e de entrega facilita a compreensão do processo. Esse fato pode ser decorrente da potencialidade percebida por todos os estudantes de que o modelo torna o acesso à informação mais ágil: havendo o acesso facilitado às informações de projeto, o processo pode ser compreendido mais facilmente.

Posteriormente, com o desdobramento dos princípios de gestão visual de projetos em outros contextos, foi possível constatar o que já era apontado pela literatura sobre a gestão visual aplicada à manufatura: os painéis visuais e dashboards estão entre as ferramentas mais importantes. Inclusive, outros cases apresentados aqui neste livro enfatizarão o valor disso.

PERCEPÇÃO DOS ESTUDANTES DA UFSC EM RELAÇÃO À FACILITAÇÃO DA CONDUÇÃO DO PROCESSO PELO CONJUNTO DE FERRAMENTAS

CASO 1/UFSC

- Em qual nível o conjunto de ferramentas visuais facilita a condução do processo?

Facilita pouco 1	2	3	Neutro 4	5	6	Facilita muito 7
				1J, 1A	1H, 1G, 1E, 1F, 1D, 1C, 1B	1I

Na figura a seguir, são apresentadas as respostas quanto ao grau de importância do registro de informações para o desenvolvimento de projetos futuros. A maioria dos estudantes relatou que o registro facilita muito o desenvolvimento dos projetos futuros (oito pessoas).

IMPORTÂNCIA DO REGISTRO DAS INFORMAÇÕES DE PROJETO PARA PROJETOS FUTUROS, SEGUNDO OS ESTUDANTES DA UFSC

CASO 1/UFSC

- Qual o grau da importância em registrar informações de desenvolvimento de um projeto para o desenvolvimento dos próximos?

Facilita pouco 1	2	3	Neutro 4	5	6	Facilita muito 7
	1H		1F		1J, 1G	1I, 1E, 1D, 1C, 1B, 1A

As fichas e pastas de projeto facilitam a geração de documentação importante para o processo para a maioria dos estudantes do estudo de caso 1.

IMPORTÂNCIA DAS FICHAS E PASTAS DE PROJETO PARA A DOCUMENTAÇÃO DO PROCESSO, SEGUNDO OS ESTUDANTES DA UFSC

CASO 1/UFSC

- Em que nível as fichas e as pastas do projeto que acompanham o modelo geram documentação importante ao processo?

Facilita pouco 1	2	3	Neutro 4	5	6	Facilita muito 7
	1H		1I, 1F, 1D		1J, 1G, 1A	1E, 1C, 1B

Depoimentos dos alunos da UFSC

> *Gestão visual de Projetos é algo que irei levar para a vida profissional e acadêmica [...] Com certeza, facilita muito o acompanhamento e desenvolvimento de projetos. Tornar projetos mais visuais é uma prática que auxilia o acompanhamento e a gestão das atividades*
>
> ***- Estudante da UFSC, 22 anos***

> *Nunca tive o hábito de fazer acompanhamento visual das minhas atividades, mas com a experiência desse semestre, tenho certeza que passarei a integrar ferramentas desse tipo nos meus projetos*
>
> ***- Estudante da UFSC, 24 anos***

PERCEPÇÃO DOS ALUNOS DO IFSC

Dez estudantes participaram do estudo de caso 2, com idade média de 25 anos (desvio-padrão de 3,6 anos), sendo quatro do gênero feminino e seis do masculino. Apenas um estudante relatou não ter desenvolvido ou auxiliado em projetos de design ou áreas afins previamente, e a maioria dos estudantes nunca havia utilizado ferramentas visuais em seus projetos. Aqueles que relataram já ter utilizado indicaram exemplos como: análise diacrônica, mapa mental, painel semântico e personas.

As principais potencialidades sobre as ferramentas visuais percebidas pelos estudantes do estudo de caso 2 são a agilidade de acesso à informação (nove pessoas), a padronização do trabalho e aderência a processos (oito pessoas), a possibilidade de visualizar anormalidades (oito pessoas) e o incentivo ao trabalho colaborativo e aberto. A maioria dos estudantes não percebeu as ferramentas como uma solução com potencial de tornar o projetista autossuficiente no projeto (apenas quatro pessoas). A figura a seguir apresenta a concordância de cada estudante para cada potencialidade, bem como o número de estudantes que concordam com cada potencialidade.

POTENCIALIDADES SOBRE AS FERRAMENTAS VISUAIS PERCEBIDAS PELOS ESTUDANTES DO IFSC

CASO 2/IFSC	2A	2B	2C	2D	2E	2F	2G	2H	2I	2J	
Torna o acesso à informação ágil.	●	●	●	●	●		●	●	●	●	9
Auxilia a padronização do trabalho e a aderência a processos.	●	●	●		●	●	●		●	●	8
Torna visíveis anormalidades.	●	●	●	●	●	●		●	●		8
Incentiva o trabalho colaborativo e aberto.	●	●	●			●	●	●	●		7
Torna o projetista autossuficiente no uso do modelo.		●				●		●		●	4
Não gerou disputas desleais entre os diferentes projetos.		●				●		●	●		4

Na figura a seguir, são apresentas as fragilidades percebidas por cada estudante do estudo de caso 2, bem como o número de estudantes que concordam com cada fragilidade. A maior fragilidade percebida foi não tornar ágil o acesso às informações (quatro pessoas), ***o que, em uma primeira análise, vai de encontro à maior potencialidade, que é justamente tornar ágil esse acesso, como visto anteriormente. Esse conflito pode indicar inconsistência ou que os estudantes percebem potencial para encontrar a informação de forma ágil, mas que ainda pode melhorar.***

FRAGILIDADES DAS FERRAMENTAS DE ACORDO COM OS ESTUDANTES DO IFSC

CASO 2/IFSC

	2A	2B	2C	2D	2E	2F	2G	2H	2I	2J	
Não torna o acesso às informações mais ágil.					●	●	●	●			4
Não torna o projetista autossuficiente no uso do modelo.			●								1
O grande número de fichas torna o uso maçante.									●		1
Não incentiva o trabalho colaborativo e aberto.										●	1
Tornar o projeto visual, colocando informações na parede, é melhor para o ambiente de trabalho que seja sempre no mesmo local.	●										1

As ferramentas voltadas à visualização são percebidas pelos estudantes como facilitadoras da participação da equipe, como observado na figura a seguir. Houve apenas uma opinião neutra quanto a essa facilitação, as demais foram positivas. Segundo o usuário 2H (que se posicionou como neutro), é uma fragilidade utilizar a parede como meio de exposição das informações de projeto quando o trabalho não ocorre sempre no mesmo ambiente. Isso pode indicar certa dificuldade em manter a equipe integrada e participativa quando o projeto não tem um PMO ou um espaço físico dedicado para isso de forma prioritária. O estudante 2G ressalta que as ferramentas "facilitam o entendimento do projeto por toda a equipe e integra a equipe de projeto", enquanto o estudante 2H também acredita que "torna mais fácil a integração dos membros do projeto".

PERCEPÇÃO DOS ESTUDANTES DO IFSC EM RELAÇÃO À FACILITAÇÃO DA PARTICIPAÇÃO E COLABORAÇÃO DA EQUIPE POR MEIO DO CONJUNTO DE FERRAMENTAS DE VISUAIS

CASO 2/IFSC

- Em que nível o conjunto de ferramentas de visualização facilita a participação da equipe?

2A

Facilita pouco 1 | 2 | 3 | Neutro 4

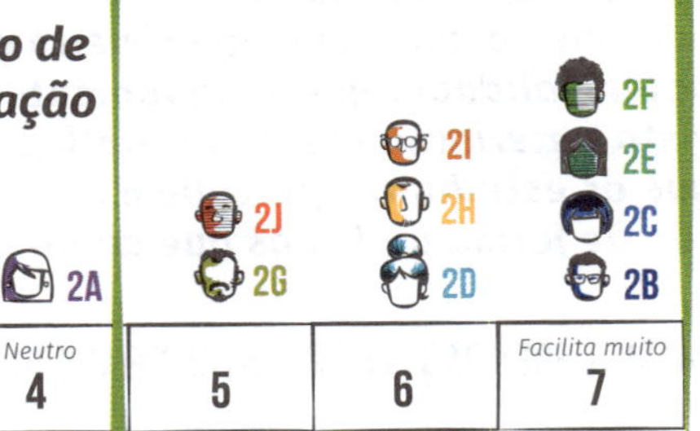

Houve ainda maior concordância dos estudantes quanto à facilitação na condução do processo, como ilustrado na figura a seguir. O estudante 2C ressalta que o modelo auxilia a controlar o tempo de projeto e a orientar na criação de um produto "mais conciso e satisfatório que atende aos requisitos do briefing". O estudante 2D, por sua vez, relata que "quando o projeto torna-se mais visual, facilita muito na criação, em detalhes extras para acrescentar ao projeto e para entender etapas".

PERCEPÇÃO DOS ESTUDANTES DO IFSC EM RELAÇÃO À FACILITAÇÃO DA CONDUÇÃO DO PROCESSO PELO CONJUNTO DE FERRAMENTAS.

CASO 2/IFSC

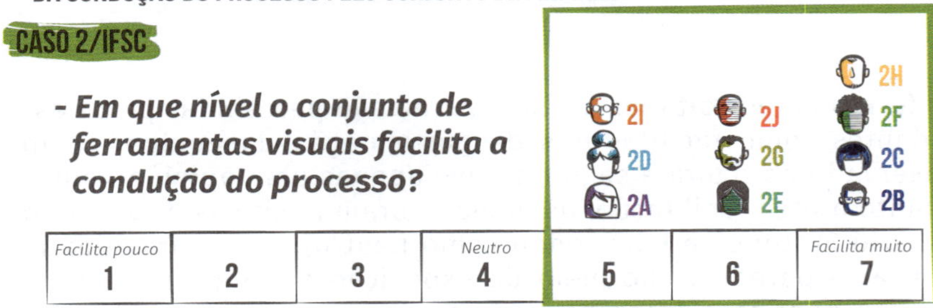

Na figura a seguir são apresentadas as respostas quanto ao grau de importância do registro de informações para o desenvolvimento de projetos futuros. A maioria dos estudantes relatou que o registro facilita o desenvolvimento dos projetos futuros (nove pessoas).

IMPORTÂNCIA DO REGISTRO DAS INFORMAÇÕES DE PROJETO PARA PROJETOS FUTUROS, SEGUNDO OS ESTUDANTES DO IFSC

CASO 2/IFSC

- Qual o grau da importância de registrar informações de desenvolvimento de um projeto para o desenvolvimento dos próximos?

2J
2I
2F
2H
2E
2D
2C
2A
2G
2B

Facilita pouco 1 | 2 | 3 | Neutro 4 | 5 | 6 | Facilita muito 7

As fichas e pastas de projeto facilitam a geração de documentação importante para o processo para a maioria dos estudantes do estudo de caso 2.

IMPORTÂNCIA DAS FICHAS E PASTAS DE PROJETO PARA A DOCUMENTAÇÃO DO PROCESSO, SEGUNDO OS ESTUDANTES DO IFSC

CASO 2/IFSC

- Em que nível as fichas e as pastas do projeto que acompanham o modelo geram documentação importante ao processo?

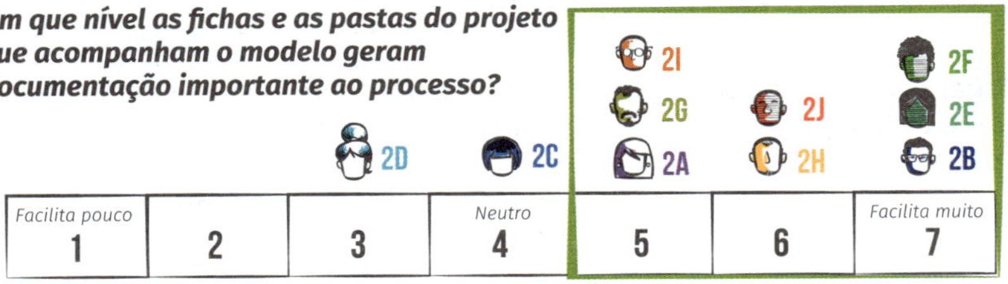

Facilita pouco 1	2	3	Neutro 4	5	6	Facilita muito 7
		2D	2C	2I, 2G, 2A	2J, 2H	2F, 2E, 2B

O estudante 2A acredita que as fichas de entrega não são tão importantes; segundo ele bastam as fichas de orientação, tendo relatado ainda que consegue vivenciar melhor o modelo em seu ambiente de trabalho, e não na instituição de ensino. O estudante 2D acredita que as fichas de saída são muito repetitivas e poderiam ser de outra forma, opinião compartilhada pelo estudante 2J, que sugere maior liberdade às fichas, que atualmente são, segundo o estudante, "muito mecânicas".

Embora o resultado tenha sido positivo, entendemos que as fichas de saída precisavam ser melhoradas para proporcionar um preenchimento mais dinâmico e amigável. Ou que a atualização de informações pudesse ser feita em softwares e sistemas inteligentes de gestão que armazenem dados e gerem relatórios de forma mais automática para os dashboards. Parece-nos que isso ajudaria tanto o gestor quanto a equipe. A maioria das empresas entrevistadas na pesquisa do doutorado (ver mais em: Teixeira, 2015) faz uso de algum tipo de recurso digital, ora através de softwares, ora por planilhas eletrônicas. Mas ainda acreditamos que, quando esse tipo de recurso não está disponível ou não parece útil para determinado modelo de gestão, as fichas e checklists de projeto são importantes e devem se alinhar aos cronogramas visuais. É melhor do que não haver controle nesse nível, por mais que alguns reclamem do procedimento de preencher, o valor disso já é bastante reconhecido na prática projetual.

Depoimentos dos alunos do IFSC

A Gestão visual de Projetos torna a prática mais ampla e prazerosa. E o projeto torna-se mais palpável

- Estudante do IFSC, 33 anos

Achei muito interessante, faz com que as informações estejam acessíveis durante todo o processo, tornando mais fácil a integração de todos os membros com o projeto

- Estudante do IFSC, 22 anos

DEPOIMENTOS DE PROFISSIONAIS

Após essas aplicações sistemáticas do modelo, continuo recebendo feedbacks de pessoas que conheceram ou aplicaram a gestão visual em seus projetos. Veja estes a seguir:

Como professora da disciplina Produto de Moda (Bacharelado em Moda — Universidade do Estado de Santa Catarina), sempre procurei apresentar novos modelos metodológicos de gestão de desenvolvimento de produtos para os alunos utilizarem em sala de aula. Ao ler a tese de doutorado de Júlio Monteiro Teixeira, imediatamente, pensei em aplicá-la em sala de aula, pois a maior dificuldade dos discentes do curso residia no preenchimento da documentação referente ao processo metodológico. Atualmente, isso foi solucionado pelo uso das fichas, que detalham cada etapa, das pastas e do painel visual, que possibilitam a visão do "todo" pelos membros da equipe.

-Sandra Regina Reach

Professora Doutora da Universidade do Estado de Santa Catarina - UDESC

Como mestrando em computação aplicada e profissional com 17 anos de experiência em um grande banco, percebo a necessidade da gestão visual no mundo corporativo. Acompanhar diariamente os e-mails, as audioconferências e uma infinidade de relatórios pode restringir o tempo importante que seria destinado ao cliente. A gestão visual mostra-se uma ferramenta interessante de qualificação e agilidade para a gestão.

-Depoimento enviado através do site: http://www.juliomontex.com.br/

"O costume de utilizar painéis com cartões para visualização e discussão em equipe surgiu na empresa em que trabalho por meio dos projetos de cooperação que desenvolvemos em parceria com outras instituições. No início, houve uma resistência de parte dos engenheiros para a utilização desses recursos visuais que envolvem: cartões coloridos, painéis e também exigem maior participação da equipe. Mas logo a prática provou-se eficaz, garantiu que os membros da equipe fossem "ouvidos" e, principalmente, ajudou a equipe a perceber que, para o sucesso, não era suficiente apenas tomar as medidas corretas tecnicamente, mas sim considerar a maneira de abordá-las e repassá-las.

Essa prática foi utilizada em diferentes situações:

- *Em cursos: para apresentação do resultado do trabalho em grupo e da discussão.*
- *Reuniões estratégicas para a definição dos potenciais clientes, brainstormings, definição de metas, análises etc.*
- *Dinâmicas e alinhamentos com os funcionários da empresa e discussão sobre as melhorias a serem realizadas.*
- *Definição, organização, acompanhamento de tarefas e responsabilidades.*

Após a utilização desses recursos e práticas visuais, percebeu-se maior consciência da equipe sobre o conhecimento que estava disponível, que até então não estava acessível ou compreensível para todos. Também notou-se que, ao compartilhar o conhecimento, ao considerar as diferentes perspectivas e experiências, foi possível tomar decisões de forma conjunta e mais eficaz.

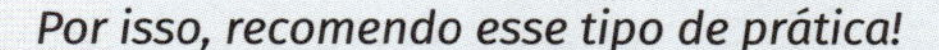

Por isso, recomendo esse tipo de prática!

- Carolina Bayer Gomes Cabral - Rotária do Brasil

Engenheira Sanitarista e Ambiental. Mestre em Engenharia Ambiental pela UFSC e doutoranda em Planejamento, Construção e Meio Ambiente na TUBerlin, Alemanha.

CONSIDERAÇÕES SOBRE O CASE 1

Os resultados apresentam a aplicação de ferramentas visuais em dois estudos de caso e, principalmente, expõem as percepções dos estudantes enquanto usuários delas. Nota-se, pelos estudos de caso e, especialmente, pela avaliação dos usuários, que esse tipo de proposta facilita a compreensão, a visualização e a interação durante o processo de desenvolvimento de projetos.

Por meio da observação, das respostas, dos depoimentos e dos relatos, notou-se que ações conjuntas de gestão visual estimularam a participação dos diferentes membros da equipe e promoveram maior integração entre as várias etapas de projeto, trazendo mais agilidade ao processo. Especialmente quando comparamos (ainda que empiricamente) com outras experiências acadêmicas que não tiveram tal suporte da gestão visual de projetos.

É importante reconhecer que existem eventuais diferenças que podem influenciar a percepção de variáveis pelos usuários, além das já apontadas na tabela (ver página 127), visto que não se trata de uma experiência controlada. No entanto, é importante ressaltar que, em ambas as situações-caso, a investigação apresenta a avaliação de estudantes de Design quanto ao uso de ferramentas visuais na prática projetual e que, ainda que com suas especificidades, notou-se a recorrência de vários pontos em ambos os casos.

REFERÊNCIAS CITADAS NO TÓPICO:

TEIXEIRA, J.M. **Gestão Visual de Projetos**: Um modelo que utiliza o design para promover maior visualização ao processo de desenvolvimento de projetos. 2015. 330 f. Tese (Doutorado) – Curso de Engenharia de Produção, Centro Tecnológico, Universidade Federal de Santa Catarina, Florianópolis, 2015. Disponível em: <https://repositorio.ufsc.br/xmlui/handle/123456789/132982>.

Baixe as ferramentas visuais do GODP:

- Painel Visual GODP: *http://paginas.juliomontex.com.br/painel-godp*
- Caixas e Fichas GODP: *http://paginas.juliomontex.com.br/ferramentas-para-modelo-de-gestao-visual*
- *Ou acesse o site da Alta Books (www.altabooks.com.br) e procure pelo título do livro.*

CASE 2: UM PAINEL VISUAL PARA O SINAPSE DA INOVAÇÃO

Em 2016, fomos convidados pela Fundação CERTI (Fundação Centros de Referência em Tecnologias Inovadoras) para sermos mentores de 90 startups que participavam do Programa Sinapse da Inovação em Florianópolis/SC. Nossa missão era ajudá-los com o Processo de Desenvolvimento de Produtos.

RELATORES DO TÓPICO

Júlio Monteiro Teixeira

- Designer Gráfico, mestre em Gestão de Design e doutor em Engenharia de Produção.
- Professor do curso de Design – *UFSC*

julio.teixeira@ufsc.br

Luiz Salomão Ribas Gomez

- Designer, mestre e doutor em Engenharia de Produção e pós-doutor em branding e inovação
- Professor do curso de Design – *UFSC*

salomao@logo.ufsc.br

Segundo a CERTI[18], o Sinapse da Inovação é considerado um dos programas mais completos de incentivo ao empreendedorismo do Brasil. Ele foi idealizado pela própria fundação com o objetivo de transformar e aplicar boas ideias em negócios de sucesso. O programa, que teve sua operação-piloto lançada em 2008 em Santa Catarina, foi fomentado pela FAPESC e, desde então, já apoiou a criação de mais de 400 empresas no estado.

NOTA:

[18] Disponível em: http://www.certi.org.br/. Acesso em: 22 de janeiro de 2017.
O Sinapse da Inovação é um programa diversificado, que se desdobra em diferentes ações, incentivos e atividades. Nossa participação como mentores, como mencionamos no relato, foi especificamente nos workshops de produto.

UM DESAFIO QUANTITATIVO

O desafio ficou ainda maior quando entendemos o contexto dessas mentorias. As 90 empresas teriam conosco, no intervalo de um semestre, apenas três workshops de um dia cada. E, em cada um desses dias, dividiríamos nosso tempo para orientar todas as equipes presencialmente. Além do tempo e da quantidade de empresas, outras dificuldades permeavam o processo, como: pessoas com diferentes backgrounds, empresas de diversos setores e produtos dos mais diferentes tipos, desde aplicativos e plataformas digitais até insumos mais sustentáveis para a indústria.

Naquele momento, reconhecemos que para a mentoria das equipes necessitávamos de recursos simples e intuitivos para dar suporte ao processo. Porém, não encontramos – entre as soluções disponíveis no mercado – algo que pudesse se adequar a essa demanda. E o tempo para customização ou desenvolvimento de uma ferramenta específica para isso também era curto. Mesmo assim, decidimos por desenvolver um MVP, *Minimum Viable Product* (Produto Mínimo Viável) de uma ferramenta para suporte a essas mentorias.

Com base em experiências de mentorias anteriores e no tempo disponível, acreditávamos que deveríamos propor uma ferramenta que fizesse a própria equipe preencher – em um único plano – as principais informações que ela tinha sobre o seu projeto, para que ela mesma conseguisse enxergar lacunas, inconsistências e oportunidades. Dessa forma, os envolvidos (equipes e mentores) conseguiriam entender melhor o projeto e se dedicar a soluções para essas possibilidades visualizadas a partir do preenchimento da ferramenta.

Os principais pontos para o desenvolvimento dessa ferramenta visual são relatados a seguir com a finalidade de mostrar ao leitor como pode ser simples criar suas próprias ferramentas. Portanto, não se pretende relatar aqui detalhes de funcionamento da ferramenta visual ou justificar cada item contido nela. Por isso:

> **“A DESCRIÇÃO DO CASE VOLTA-SE MAIS PARA O DESENVOLVIMENTO DA FERRAMENTA, PARA MOSTRAR COMO FAZER POR MEIO DE UM EXEMPLO PRÁTICO.**

PRIMEIROS PASSOS

Após entender a realidade do programa quanto ao seu formato, seus desafios e suas peculiaridades, chegamos à conclusão que deveríamos montar um painel visual físico em grande formato que fosse preenchido pela própria equipe. Conforme foi mencionado no tópico "Por que prototipar a informação" (Capítulo 3), os painéis visuais ajudam a perceber se há consistência entre as informações, algo fundamental para oferecer uma mentoria consistente.

Contudo, ao tentarmos elencar quais informações deveriam ser preenchidas, percebemos que, pela diversidade do contexto (como foi dito, eram empresas de diversos setores e com diferentes produtos), não poderíamos definir campos com informações muito específicas que servissem apenas para certos tipos de produto ou empresa.

Assim, identificamos mais um desafio: como estruturar um painel visual que fomentasse o preenchimento de informações importantes de diferentes contextos sem ficar na superficialidade? Naquele momento, chegamos ao entendimento de algumas demandas; era necessário atender quatro pontos, sendo eles:

1 Definição de um modelo padrão de referência para o PDP[18].

Algo que fosse abrangente e ao mesmo tempo atendesse aspectos relacionados à inovação. E, preferencialmente, que já fosse um modelo conhecido pelos mentores.

2 Campos para o preenchimento de informações.

Deveriam ser relatadas no painel as informações relevantes para o desenvolvimento do produto e do negócio, o ideal era que os campos fossem úteis independentemente de qual fosse o produto a ser desenvolvido.

3 Espaço para detalhamentos específicos de cada produto.

Disponibilizando espaços para descrever ferramentas, procedimentos e demais informações que possibilitem o acompanhamento de forma integrada aos demais itens do painel.

4 Preenchimento e atualização de forma ágil e dinâmica.

Preconizamos o uso de recursos simples, como lápis e borracha.

NOTA:

[19] *PDP - Processo de Desenvolvimento de Produto.*

Agora, vamos esclarecer o que foi feito para cada um desses pontos:

1 Definição de um modelo padrão de referência para o PDP

Após avaliar diferentes possibilidades, vimos que a proposta de Gomez (2004) oferecia aspectos importantes para servir como modelo de referência. O fato de ela ser uma proposta metodológica não linear, além de facilitar a inovação, facilitaria também a orientação das equipes, uma vez que as equipes tinham diferentes níveis de maturidade sobre os seus produtos, e também porque facilitaria todo o processo de orientação o fato de a proposta não preconizar uma ordem sequencial ou a finalização de uma etapa para avançar nas demais. Por fim, tal proposta também atendia um outro aspecto desejado, ela já era conhecida pelos mentores.

2 Campos para o preenchimento de informações

A escolha dos campos foi definida de maneira mais empírica[20]. Após algumas discussões de possibilidades, os mentores definiram que o painel deveria ter três grandes blocos de preenchimento, sendo eles: intuição, observação e interação, para acompanhar o número de encontros. No entanto, os blocos poderiam ser preenchidos de forma não linear, ou seja, não necessariamente a equipe tinha que trabalhar um bloco por encontro.

Na sequência, reunimos mais alguns especialistas da área de projetos e fixamos uma folha de papel em branco de 3000 mm x 90 mm em uma das paredes do escritório para conseguir prever os espaços de forma mais próxima do real e para ter um overview do painel. Após dividir a folha em três grandes blocos, começamos a discutir e esboçar quais eram as informações mais importantes para estarem ali.

NOTA:

[20] *Para desenvolver a ferramenta, como o tempo era curto, apoiamo-nos em nosso conhecimento tácito, nas demandas apresentadas anteriormente e em alguns testes. Cabe lembrar também que somos pesquisadores científicos e profissionais com certa experiência no PDP, e que mesmo assim consultas foram feitas às bibliografias da área de gestão de projetos. Reconhecemos a importância de testar, medir e avaliar os resultados constantemente, conforme foi destacado no Capítulo 3 (tópico: "Como a ciência pode auxiliar o desenvolvimento de projetos"). Dessa forma, além dos testes preliminares, atualmente uma dissertação de mestrado está analisando, em outras edições do Sinapse que estão em andamento no momento, o impacto da ferramenta no processo. Entre os objetivos da dissertação está analisar a performance e satisfação dos envolvidos sob diferentes aspectos, para, posteriormente, aprimorar a ferramenta.*

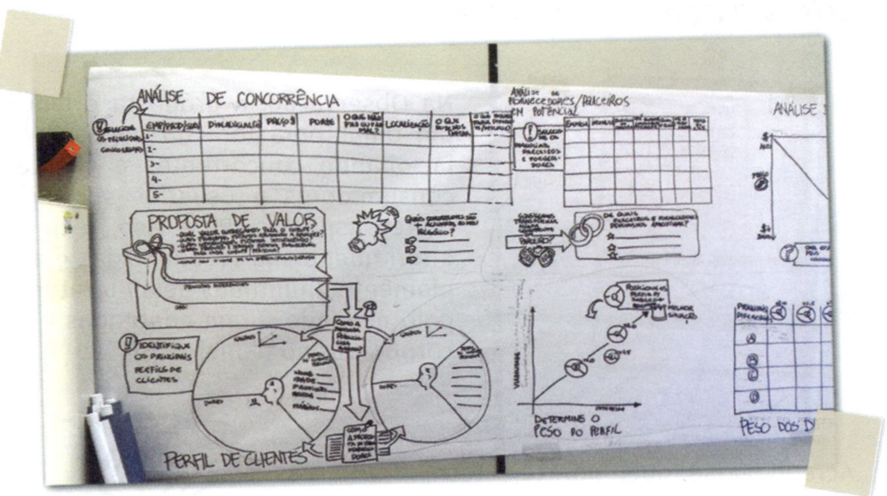

Primeiros estudos do painel visual.

É importante destacar que já acreditávamos, por meio de experiências anteriores, na afirmação de Sibbet (2013) de que os desenhos animam o significado e atraem a atenção. Por isso, decidimos incluir um dos ilustradores deste livro, Giuliano Vieira Benedet, no processo de criação das ilustrações com a finalidade de estimular as pessoas a interagir mais com o painel visual ao torná-lo mais amigável.

Intuição - Bloco 1

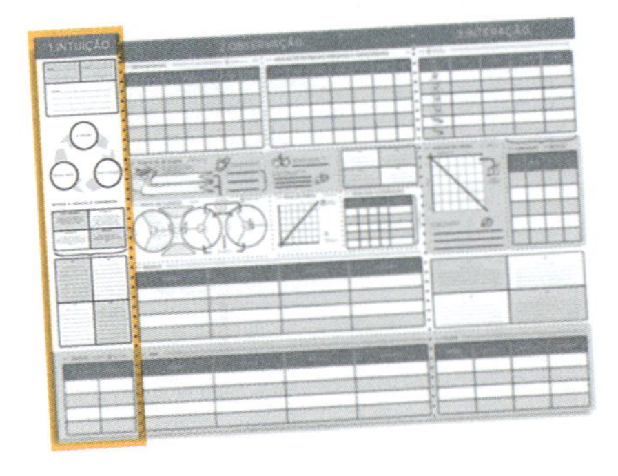

O campo de preenchimento sobre a intuição foi idealizado para estimular os usuários do painel a dar o primeiro passo em relação à prototipação da informação, isso permite — como colocado no Capítulo 3 — a verificar se há nexo. Portanto, neste momento, o usuário da ferramenta deve relatar seu conhecimento a priori sobre a oportunidade vislumbrada. A intenção é dar visualização a esse lampejo criativo.

Observação - Bloco 2

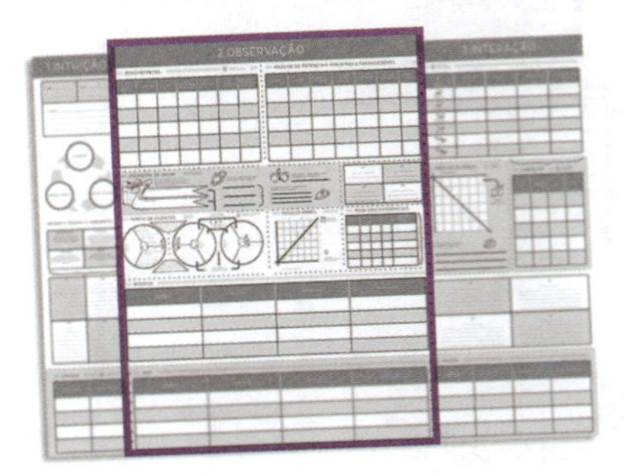

Na Observação, a proposta é lançar um olhar para fora do negócio, relacionando concorrentes e clientes, consumidores e usuários sob diferentes aspectos. Para isso, técnicas e ferramentas já reconhecidas e amplamente difundidas pela literatura e pelo mercado foram adaptadas e incorporadas ao painel.

Acreditava-se que, por tais técnicas e ferramentas já serem, em sua maioria, de conhecimento comum, seria mais fácil tornar o painel um pouco mais autoexplicativo, facilitando assim o processo de mentoria.

Interação - Bloco 3

A terceira e última etapa, chamada de Interação, refere-se ao momento no qual se interage com o mercado. São analisadas as interações e relações com: concorrentes, fornecedores, clientes, consumidores e usuários. Dessa forma, busca-se testar — em uma situação mais próxima do real possível — o que foi desenvolvido até o momento. A prototipação da informação neste momento tem o intuito de permitir a visualização condensada e sintetizada do que é preciso fazer para lançar a solução pronta no mercado.

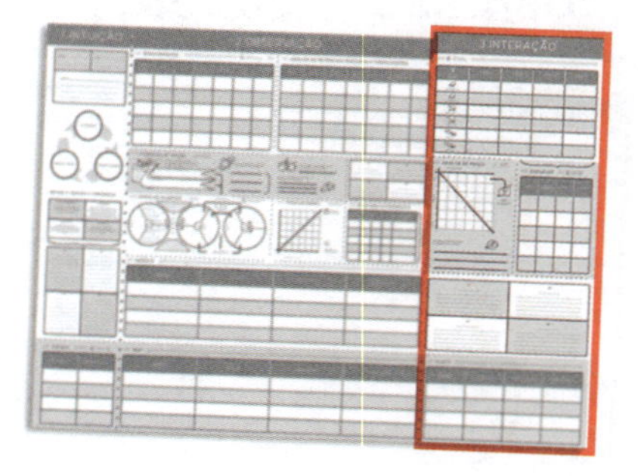

Para testarmos a ferramenta, aproveitamos um workshop de Gestão Visual de Projetos que seria ministrado por um dos mentores na UFSC para colocar a ferramenta em uso preliminarmente. Após esses testes, foram feitos ajustes no conteúdo e na forma.

Testes preliminares para verificar o funcionamento do painel

3 *Espaço para detalhamentos específicos de cada produto*

Criamos uma planilha digital de suporte com ferramentas, procedimentos e conteúdos complementares para auxiliar as equipes no desenvolvimento de seus modelos, protótipos e MVPs dos mais diferentes tipos de produtos. Após entender as necessidades de cada projeto, sugeríamos algo dessas planilhas. Além de documentar o que poderia ser usado, o painel pedia para relatar para quê aquilo era indicado, como deveria ser usado e qual o resultado esperado.

1.INTUIÇÃO

NOME: DATA:

EQUIPE:

A PRIORI

RESULTADO

CRIATIVIDADE

MÉTODO + TÉCNICAS + FERRAMENTAS

POSICIONAMENTO	PROBLEMA
[illegible]	[illegible]
PROPOSTA	**PRODUTO**
[illegible]	[illegible]

P1	P2
P3	**P4**

SÍNTESE

POTENCIALIDADES	RESULTADO ESPERADO

2.OBSERVAÇÃ

BENCHMARKING

EMPRESAS, PRODUTOS OU SERVIÇOS	DIFERENCIAIS	FORTE	O QUE O CONCORRENTE NÃO FAZ OU FAZ MAL?	[illegible]	O QUE PODE SER IMITADO?	O QUE PODEMOS FAZER DIFERENTE OU MELHOR?

ANÁLISE DE

EMPRESAS	[illegible]

PROPOSTA DE VALOR

QUAIS CONCORRENTES SÃO MAIS ALINHADOS AO MEU NEGÓCIO?

DE QUAIS PARCEIROS E FORNECEDO
DEVEMOS NOS APROXIMAR?

PERFIS DE CLIENTES

PESO DE P

MODELO

FERRAMENTAS/ PROCEDIMENTOS	INDICADO PARA:	[illegible]

MVP

FERRAMENTAS/ PROCEDIMENTOS	INDICADO PARA:	[illegible]

Nesta fase, deve-se descrever o status atual da proposta de valor, mesmo que ainda seja apenas um insight ou lampejo criativo.

A proposta é que, conforme observa-se o público, o produto e o mercado, fique mais fácil descobrir e escolher formas e caminhos para modelar o produto ou criar um MVP dele.

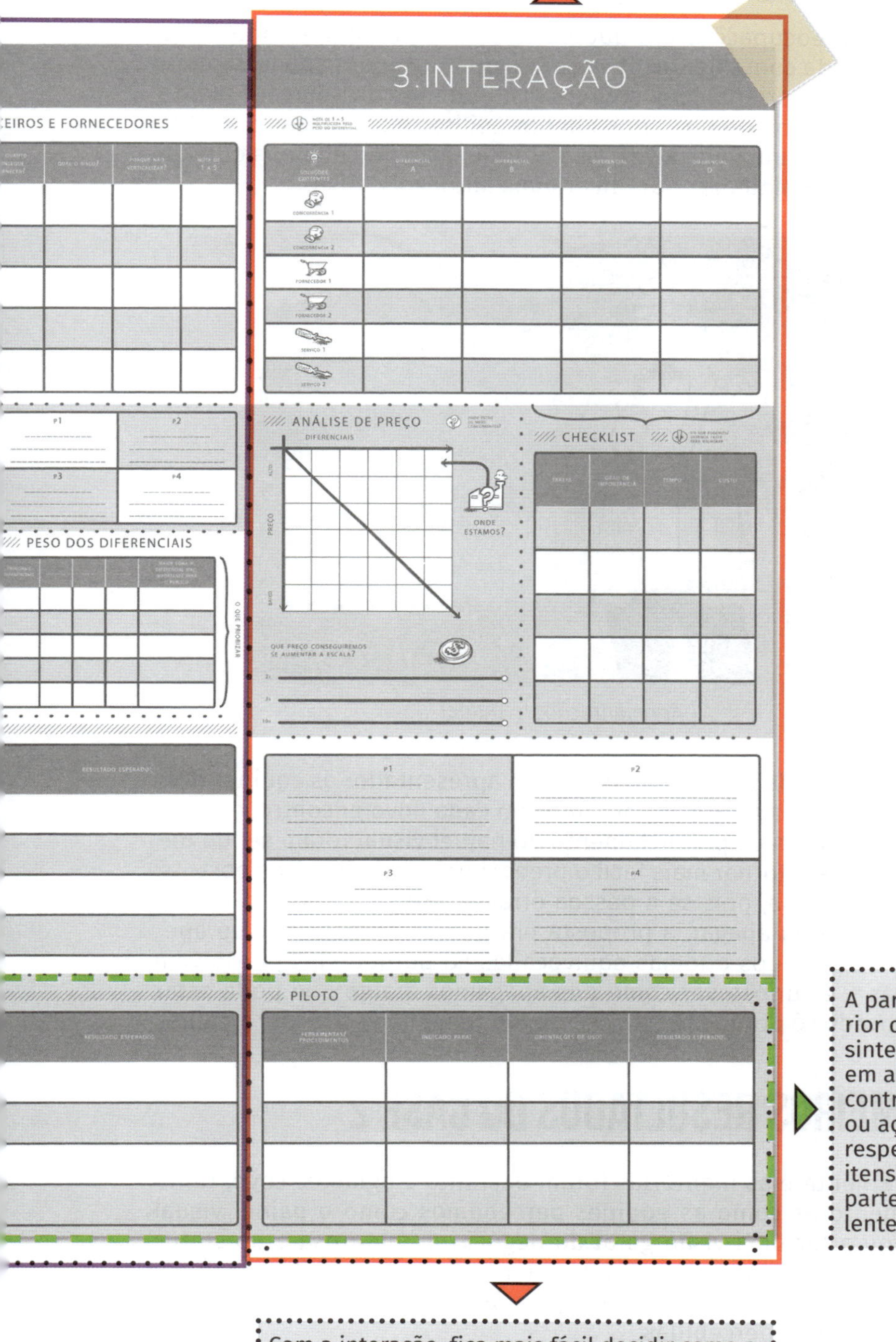

A parte inferior do painel sintetiza em alguma contratação ou ação a respeito dos itens vistos na parte equivalente superior.

Com a interação, fica mais fácil decidir como e onde produzir o produto/lote piloto.

4 *Preenchimento e atualização de forma ágil e dinâmica*

Uma das preocupações era que parte do tempo de mentoria fosse desperdiçada com orientações sobre o preenchimento da ferramenta, em vez de orientações sobre possibilidades de solução. Diante disso, decidimos reunir todos em um auditório e explicar o uso da ferramenta de uma única vez. Isso ajudou, mas percebemos que ela ainda precisa melhorar para ficar mais autoexplicativa.

Apresentação do painel

Os três blocos de preenchimento foram apresentados às equipes desde o primeiro encontro. No entanto, em cada novo encontro, campos mais complexos de preenchimento do painel visual foram sendo detalhados. Para tornar mais fácil o preenchimento, utilizamos post-its, lápis e borracha, pois se a pessoa errasse, era só amassar o post-it e jogar fora ou apagar, a proposta era que as pessoas não se apegassem aos dados e ideias equivocadas só porque elas já estavam escritas – é curioso ver como nos apegamos à algo que pode estar equivocado só porque já está escrito, ou "para não estragar" o painel.

PRIMEIROS RESULTADOS DO CASE 2

A ferramenta e as mentorias foram bastante elogiadas. Logo, tanto nós mentores como as equipes percebemos como o painel visual auxiliou a ter uma visão geral do negócio da empresa e do status de desenvolvimento do produto, bem como nos facilitou também para a identificar e propor soluções às lacunas, inconsistências e oportunidades percebidas.

Painel visual sendo utilizado no Sinapse da Inovação 2016.

Quase faltaram paredes e salas para tantos painéis

Não sabemos dizer se seria possível superar esse desafio sem a ferramenta. Para afirmar qualquer coisa, teríamos que ter aplicado uma pesquisa ou criado um grupo-controle[21], o que seria fantástico do ponto de vista científico, mas insano profissionalmente.

Após essa aplicação, já fomos convidados pela Fundação CERTI para replicar o processo e a ferramenta (que vem sendo aprimorada) em outras edições do Sinapse.

NOTA:

[21]Grupo-controle consiste basicamente no uso de um grupo de indivíduos que num experimento não receberiam qualquer tratamento especial, a fim de servir como referência-padrão às variáveis a que se submete o grupo experimental. Nesse caso, teríamos dois grupos de características similares, só que um utilizaria o painel visual (grupo experimental) e o outro não (grupo controle).

REFERÊNCIAS CITADAS NO TÓPICO:

GOMEZ, Luiz Salomão Ribas. **Os 4 P's do Design**: Uma proposta metodológica não linear de projeto. 2005. 141 f. Tese (Doutorado) — Curso de Pós-graduação em Engenharia de Produção, Centro Tecnológico, Universidade Federal de Santa Catarina, Florianópolis, 2005.

SIBBET, D.. **Reuniões Visuais**: como gráficos, lembretes autoadesivos e mapeamento de ideias podem transformar a produtividade de um grupo. Rio de Janeiro: Alta Books, 2013. p 267-292.

Baixe o painel visual utilizado no Programa Sinapse da Inovação:

- Painel Visual Sinapse: *http://paginas.juliomontex.com.br/painel-visual-sinapse-da-inovacao*
- *Ou acesse o site da Alta Books (www.altabooks.com.br) e procure pelo título do livro.*

Esclarecimento sobre o fluxograma que é apresentado a seguir

Após desenvolver diferentes soluções para o Processo de Desenvolvimento de Projeto, percebi que, tanto as equipes que eu coordenava quanto os meus alunos, tinham dificuldades para relacionar as diferentes fases do método à escolha de alternativas ou ao refinamento da solução.

Eles até utilizavam as pesquisas informacionais para gerar insights ou para definir limitantes e condicionantes, no entanto tal pesquisa – normalmente rica em dados e informações –, quando não era feita meramente por uma questão burocrática, era subutilizada.

O fluxograma apresentado a seguir inicialmente tinha a intenção de auxiliar equipes de projeto a correlacionar informações e melhor explorá-las. Porém, logo notou-se que essa proposta tinha um diferencial: além de eleger métricas e utilizar processos lógicos para avaliar esses elementos, ela combinava ferramentas simples que ajudavam a avaliar elementos aparentemente intangíveis de forma visual.

Dessa forma, o fluxograma se propõe a auxiliar uma das etapas cruciais no processo de desenvolvimento de um projeto, que é definir quais requisitos a solução deve atender e qual o peso de cada requisito. Para isso, identificar as necessidades dos usuários, os recursos disponíveis no mercado e as soluções oferecidas pelos concorrentes e similares é fundamental. Espero que após conhecer essa ferramenta, isso fique mais fácil para você!

Por:
Júlio Monteiro Teixeira

CASE 3: FLUXOGRAMA UM EXEMPLO DE APLICAÇÃO

UM PASSO A PASSO PARA TRANSFORMAR PESQUISA INFORMACIONAL E PERSONAS EM REQUISITOS DE PROJETO

Este case mostrará o fluxograma auxiliando na definição de requisitos de projeto utilizando personas e demais pesquisas informacionais no desenvolvimento de uma capa de livro sobre culinária informal.

RELATORES DO TÓPICO

Nota de esclarecimento

Os relatores do caso, apesar de terem participado do projeto, um como orientador e outro como membro de equipe, estão aqui destacados pois relataram primeiramente este case como artigo científico na revista ***E-revista LOGO.***

Júlio Monteiro Teixeira

- Designer Gráfico, mestre em Gestão de Design e doutor em Engenharia de Produção.
- Professor do curso de Design – *UFSC*

julio.teixeira@ufsc.br

Giuliano Vieira Benedet

- Arquiteto e pós-graduado no curso de Especialização em Ilustração.
- Ilustrador e Designer

giubenedet@gmail.com

Tendo em vista essa necessidade para se obter os requisitos norteados para uma solução projetual, os autores e o professor aplicaram um método de desenvolvimento de projeto que detalha passo a passo atividades para auxiliar o desenvolvimento da pesquisa informacional. O caso descreve como um grupo de alunos de pós-graduação em Ilustração utilizou o fluxograma para desenvolver uma capa de livro de culinária.

No decorrer do projeto, o passo a passo se mostrou eficaz para inspirar a fase de criação e concepção do produto, além de ajudar a equipe a escolher alternativas. Com o método, foi possível processar diferentes informações para definir as características mais relevantes que agregam valor à solução.

Nota de esclarecimento:

Este projeto foi desenvolvido por uma equipe de pós-graduação (ver abaixo) sob orientação do criador do fluxograma de projeto, ***Júlio Monteiro Teixeira***

Equipe que desenvolveu o Projeto:

Betina Von Hohendorff Seger

Giselle Carolina Ferreira Zart

Ingryd Calazans Affonso

Mayara Barbato Flor

Giuliano Vieira Benedet

FLUXOGRAMA · DE · PROJETO

UTILIZANDO PERSONAS PARA DEFINIR REQUISITOS

LEVANTAR INFORMAÇÕES INICIAIS

ANALISAR DADOS

INFORMAÇÃO DO PRODUTO/SERVIÇO

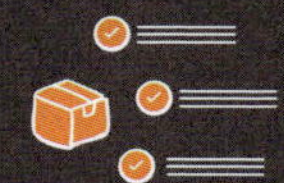

Ao coletar dados sobre o produto ou o serviço, conhece-se mais sobre características e funções que podem vir se tornar requisitos

Os dados são traduzidos em diagramas de mapas mentais, com os itens chaves do projeto

Os itens/conceitos dão origem aos painéis semânticos específicos

INFORMAÇÃO DO PÚBLICO/AUDIÊNCIA

Aqui busca-se identificar as expectativas e necessidades dos usuários

Após a pesquisa se estabelece personas, conforme os perfis identificados. Nelas, são explorados os interesses pessoais, profissionais, hábitos de consumo e convivência

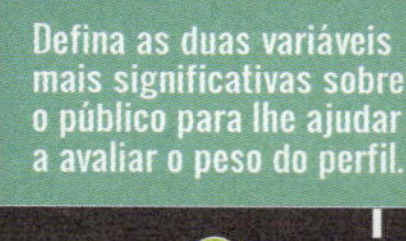

Defina as duas variáveis mais significativas sobre o público para lhe ajudar a avaliar o peso do perfil.

Através das personas, é feito um levantamento entre eles, identificando os perfis de maior interesse no produto/serviço conforme a pesquisa de mercado, principalmente a partir das variáveis mencionadas acima.

INFORMAÇÃO DO MERCADO

Após coletar dados sobre o mercado, fica mais fácil identificar oportunidades, bem como potencialidades e fragilidades da concorrência, além de verificar a viabilidade legal da proposta

Cria-se painéis e mapas semânticos de concorrentes e similares, afim de indentificar um padrão de ocorrências

Este fluxograma foi desenvolvido anteriormente ao case por Júlio e está disponível em: ***juliomontex.com.br*** *e no site da Alta Books (****www.altabooks.com.br****), procure pelo título do livro.*
Ele já foi baixado e utilizado por centenas de pessoas.

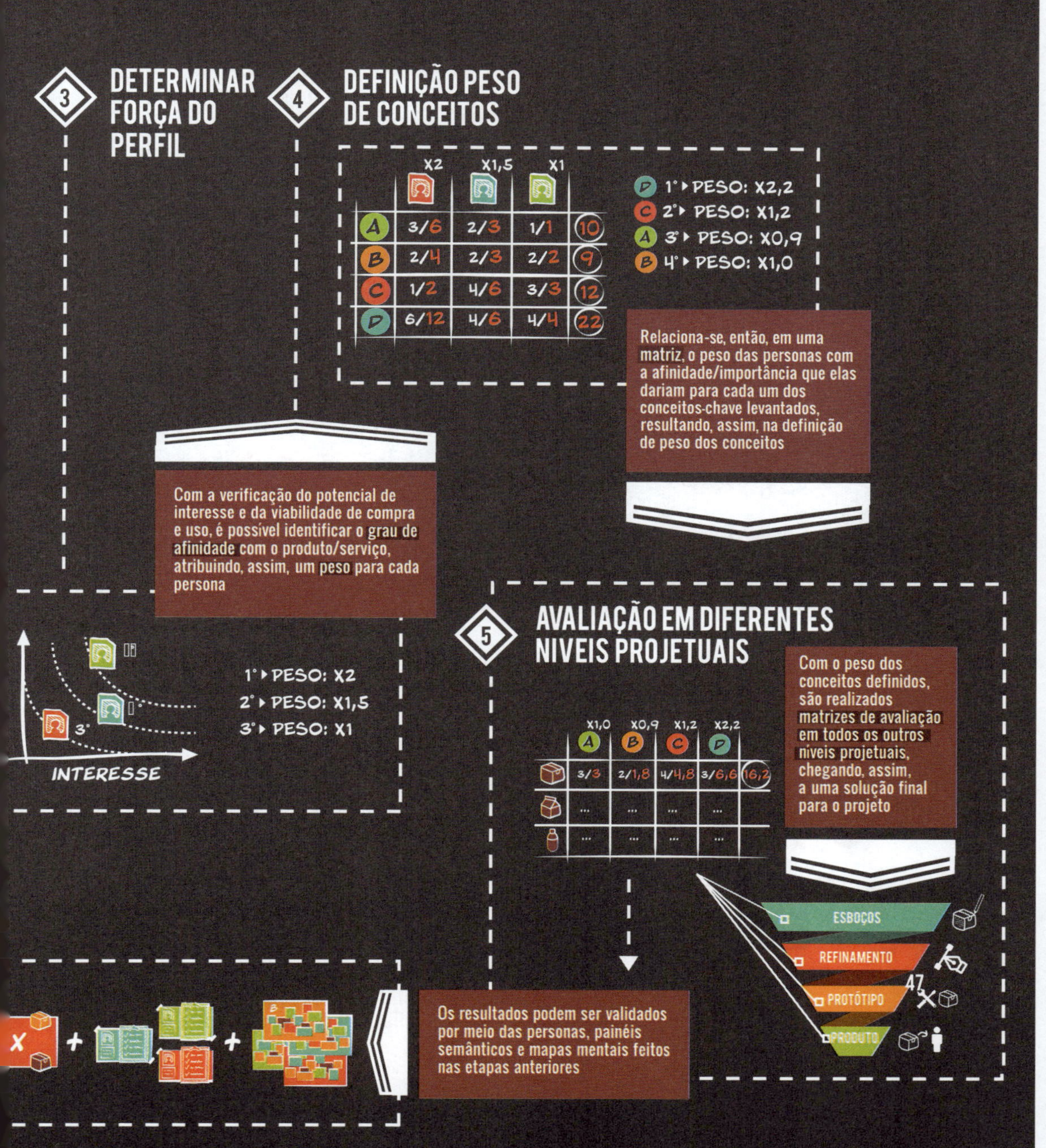

PASSO A PASSO DO CASE

LEVANTAR INFORMAÇÕES INICIAIS

Primeiramente, deve-se fazer um levantamento de dados e informações sobre itens relevantes para o projeto. Entre esses itens, cabe destacar: pesquisas sobre o produto ou serviço a ser desenvolvido e sobre o público e o mercado a ser atendido. Portanto, nesse momento, deve-se buscar conhecer as características e funções do produto ou serviço; os potenciais usuários e consumidores; as expectativas e interesses da organização e/ou do patrocinador do projeto e as oportunidades e riscos de mercado.

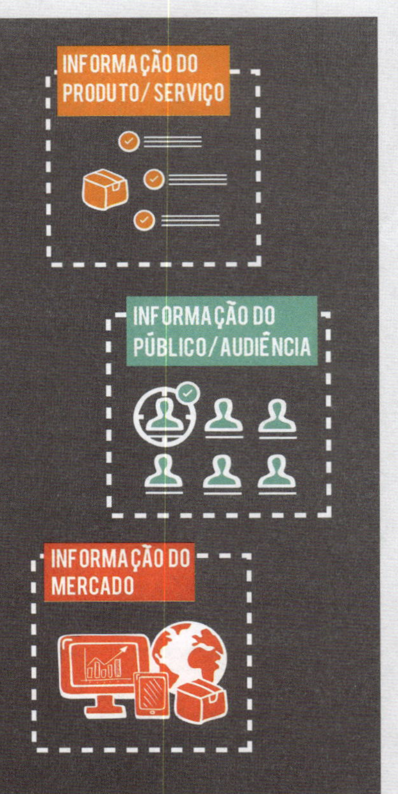

NO CASE...

O primeiro passo foi determinar o tipo de livro que iria atender aos perfis selecionados. Para isso, foi selecionada uma característica em comum dos perfis: o gosto por culinária informal.

Utilizando o processo de brainstorm, os alunos selecionaram, com o auxílio do professor, o título "Impressionando na cozinha". Como público-alvo, foram selecionadas pessoas que gostam de cozinhar informalmente, em confraternizações caseiras. A etapa de análise de mercado identificou muitos livros sobre o assunto. O diferencial do livro deste projeto ficaria por conta de um aplicativo para celular e tablet com funções específicas, opiniões e avaliações de quem já fez a receita.

ANALISAR DADOS

Depois de obter os dados supracitados, é hora de organizá-los. Utilize mapas mentais, painéis semânticos etc. para tornar mais clara a visualização dessas informações. Reúna essas informações estabelecendo uma hierarquia entre os conceitos e subconceitos. As informações sobre o público – interesses pessoais e profissionais, hábitos de consumo – devem ser usadas para criar personas, ou seja, perfis-padrão de potenciais usuários e/ou clientes.

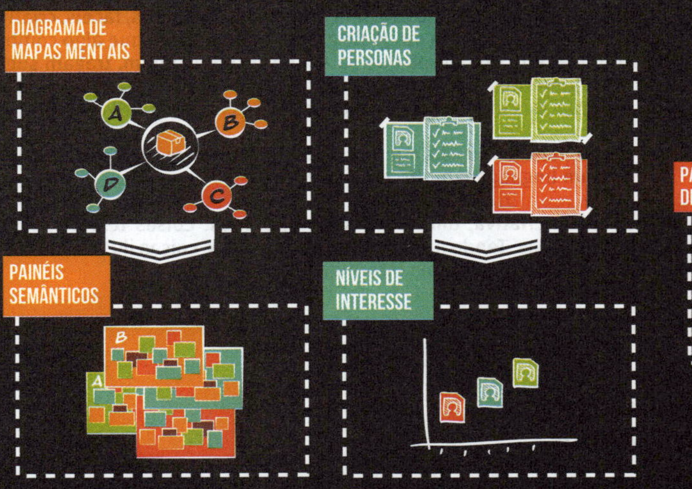

NO CASE...

A equipe gerou dois perfis de público sintetizados em personas para o livro referente ao projeto proposto. O primeiro perfil desenvolvido foi o de **Isabela** e o segundo gerado foi o de **Paulo Gilberto**:

Isabela

a. Características gerais: mulher, 34 anos. Jornalista de moda e saúde, blogueira. Gosta de redes sociais, de ler e de escrever. Cuida da saúde e é vaidosa. Não tem filhos e mora sozinha. Prefere o impresso ao digital.

b. Características específicas: cozinhar é um momento de relaxar. Faz jantares para as amigas em sua casa. Tem uma cozinha bem equipada, possui utensílios com designs inovadores, coloridos. Importa-se com pequenos detalhes. Anseia por pratos divertidos, fáceis, criativos e saborosos. Não tem medo de gastar, quando julga que algo combina com ela. Procura coisas que saiam da receita comum, tragam sugestões diferentes, opções de variação de sabores, sugestões de lugares ou situações ideais para aquele prato. Possui um perfil sensível.

c. Problemas: livros são muito focados em receitas específicas e apresentam linguagem muito técnica e fria.

d. Estética: criativa, diferente, contemporânea. Coisas texturizadas ou estampadas. Tende a preferir cores quentes e coisas ilustrativas. Busca uma linguagem mais informal, natural.

Painel semântico da persona Isabela

Paulo Gilberto

- **a. Características gerais:** homem, 47 anos, CEO de uma empresa de economia. Gosta de tecnologia e itens de couro. É prático e metódico. Viaja bastante a negócios. Casado, com dois filhos jovens.
- **b. Características específicas:** faz jantares para os amigos e a família em ocasiões especiais. Segue as receitas "à risca". Prefere ler no tablet. Possui uma cozinha inteligente no apartamento e na casa de férias. Anseia por pratos saborosos, diferenciados e contemporâneos. Adiciona um detalhe ou temperos diferenciados, compondo a comida do seu jeito. Espera por informações diretas, bem organizadas. Gosta de detalhes adicionais. Quer informações rápidas e claras.
- **c. Problemas:** encontra muitos sites mal organizados e sem informações precisas. Acha incômodo procurar as receitas e informações que precisa nos livros.
- **d. Estética:** limpa, minimalista, equilibrada. Formas geométricas, balanço de cores, alinhamentos. Estilo fotográfico ou realista. Linguagem precisa.

Painel semântico da persona Paulo

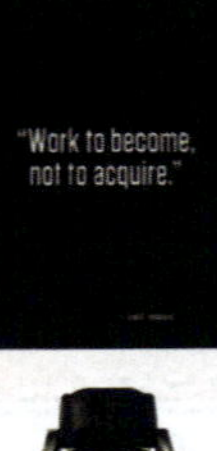

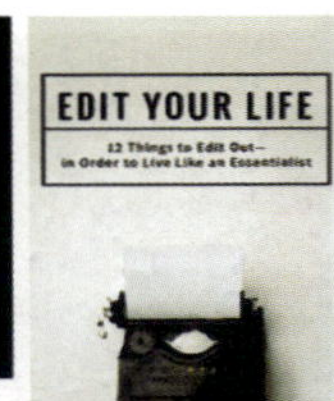

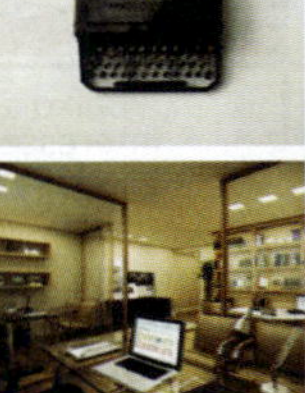

DETERMINAR FORÇA DO PERFIL

Nesse passo, determina-se o peso das personas de acordo com o grau de afinidade com o produto ou serviço. Você deve levar em conta fatores como o interesse e a viabilidade que ela tem de comprar e de usar o produto – quanto mais fortes essas características na persona, mais força o perfil terá.

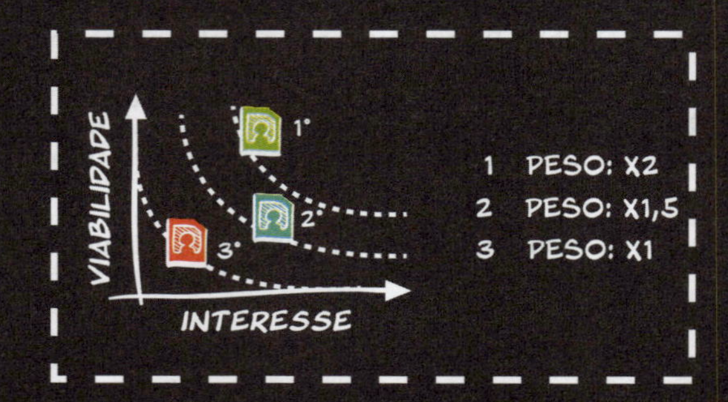

NO CASE...

A força dos perfis foi determinada conforme o gráfico de "poder de compra x interesse no produto", seguindo as orientações descritas no Passo 3:

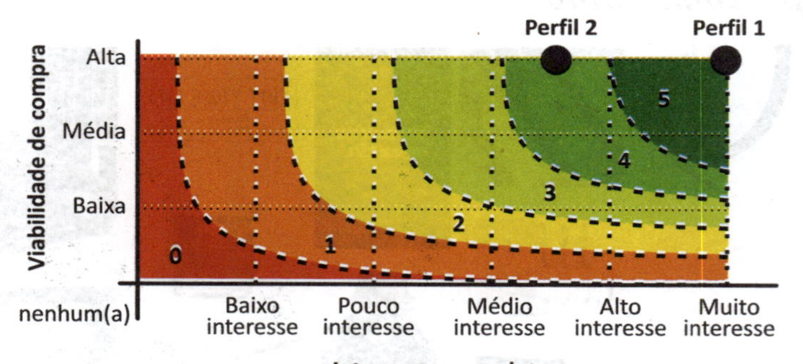

Dessa forma, o perfil 1, Isabela, ganhou peso cinco (5) e o perfil 2, Paulo Gilberto, ganhou peso quatro (4). Ambos os perfis são de alta importância e correspondem ao projeto. Comparativamente, o perfil 1 foi considerado de muito interesse e maior viabilidade possível de compra, e o perfil 2 foi considerado altamente viável para compra do produto, mas com interesse um pouco inferior, indicado pelo gráfico.

DEFINIÇÃO DO PESO DOS CONCEITOS

Aqui, você vai calcular o peso dos conceitos levantados. Relacione em uma matriz o peso das personas com a afinidade ou a importância que elas dariam para cada conceito. Os conceitos ganham maior peso de acordo com a relevância da persona – e as chances de acerto são maiores.

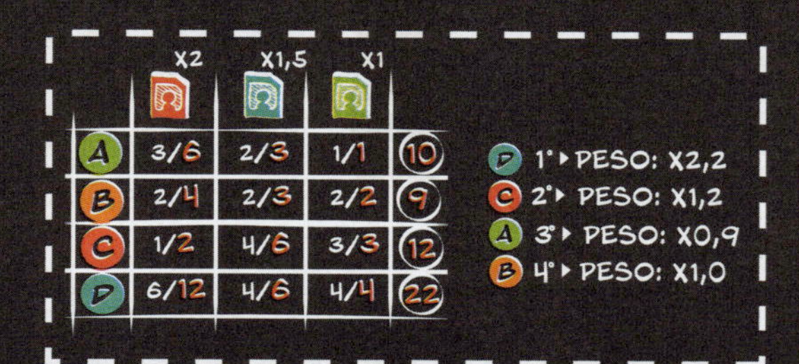

NO CASE...

O peso dos conceitos foi determinado segundo a fórmula: importância do conceito para o perfil 1 (a) x peso do perfil 1 (5) + importância do conceito para o perfil 2 (b) x peso do perfil 2 (4) = peso do conceito. A importância do conceito para o perfil obedeceu a uma escala de 1 a 5, em que 1 = conceito com menor nível de importância e 5 = conceito muito importante, e foi usada nas tabelas 1, 2, 3 e 4.

Analisando visualmente os painéis semânticos montados (figuras anteriores), foram selecionados os conceitos gerais. E utilizando a fórmula (descrita acima), obtivemos os pesos dos conceitos gerais, conforme especificados na Tabela 1:

Tabela 01 - Conceitos gerais

Conceito geral	Perfil 1 (x5) a*	Perfil 1 (x5) b**	Perfil 2 (x4) a*	Perfil 2 (x4) b**	Peso do conceito
Colorido	5	25	3	12	37
Sóbrio	2	10	5	20	30
Ilustração	4	20	2	08	28
Foto	3	15	5	20	35
Grafismo	4	20	3	12	32
Subtítulo	4	20	4	16	36
Sobrecapa	3	15	3	12	27

Conceito geral	Perfil 1 (x5) a*	Perfil 1 (x5) b**	Perfil 2 (x4) a*	Perfil 2 (x4) b**	Peso do conceito
Chamadas de conteúdo	3	15	3	12	27
Chamada do App	3	15	4	16	31
Fonte da capa	3	15	5	20	35
Texturização	5	25	5	20	45
Estampa	3	15	2	08	23

* **a** = importância do conceito para o perfil.

** **b** = peso do conceito para o perfil.

Dessa forma, os conceitos gerais definidos para a capa foram: uso de textura, colorida, com título em destaque (conceitos: fonte e subtítulo) e ilustração fotorrealista (conceito: foto). Para a determinação das formas da capa, foram definidos conceitos específicos e tratamentos estéticos para a figura, fundo e fonte através da avaliação dos conceitos e do peso dado pelos perfis, novamente através de tabelas:

Tabela 02 - Conceitos específicos: figura

Figura	Perfil 1 (x5) a*	Perfil 1 (x5) b**	Perfil 2 (x4) a*	Perfil 2 (x4) b**	Peso do conceito
Utensílios de cozinha	3	15	4	16	36
Garfo, colher, faca, ...	3	15	3	12	27
Batedeira	2	10	2	08	18
Escumadeira	2	10	2	08	18
Rolo de macarrão	2	10	2	08	18
Prato "gourmet"	3	15	5	20	35
Tomate, salada, ...	4	20	5	20	40
Arroz	2	10	2	08	18
Carne	2	10	4	16	26
Amigos jantando	4	20	4	16	36
Cozinha	3	15	5	20	35
Pia	2	10	5	20	30
Tigelas	4	20	3	12	32
Cozinha inteligente	3	15	4	16	31
Tecnologia, Tablet	2	10	4	16	26
Tábua de carne	3	15	4	16	31

* a = importância do conceito para o perfil. ** b = peso do conceito para o perfil.

Tabela 03 - Conceitos específicos: fundo

Fundo	Perfil 1 (x5) a*	Perfil 1 (x5) b**	Perfil 2 (x4) a*	Perfil 2 (x4) b**	Peso do conceito
Cor chapada	3	15	4	16	31
Degradê	3	15	2	08	23
Branco	4	20	3	12	32
Preto	2	10	4	16	26
Vermelho	2	10	1	04	14
Laranja	4	20	3	12	32
Amarelo	4	20	3	12	32
Verde	3	15	4	16	31
Azul	2	10	3	12	22
Roxo	3	15	2	08	23
Foto	2	10	4	16	26

* a = importância do conceito para o perfil. ** b = peso do conceito para o perfil.

Tabela 04 - Conceitos específicos: fonte

Fonte	Perfil 1 (x5) a*	Perfil 1 (x5) b**	Perfil 2 (x4) a*	Perfil 2 (x4) b**	Peso do conceito
Serifada	4	20	4	16	36
Não serifada	2	10	3	22	32
Moderna	4	20	3	12	32
Script	4	20	4	16	36

* a = importância do conceito para o perfil. ** b = peso do conceito para o perfil.

AVALIAÇÃO EM DIFERENTES NÍVEIS PROJETUAIS

Neste último passo, deve-se aplicar o peso dos conceitos às matrizes de avaliação de todos os outros níveis projetuais – esboços, refinamento, protótipo e produto final. Isso ajuda a manter o foco e a priorizar os conceitos mais importantes, até chegar à solução final.

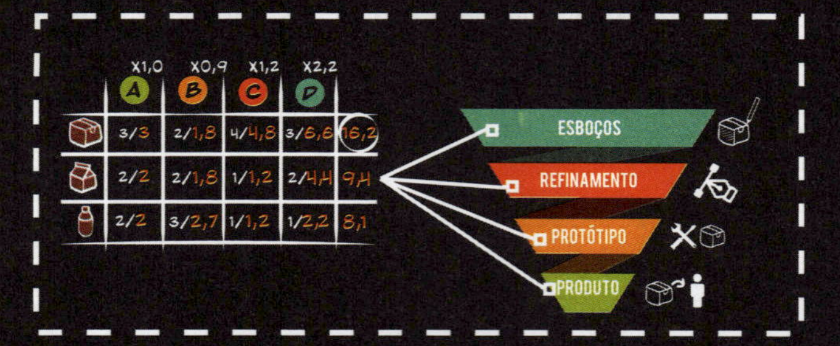

Pode-se aplicar essa matriz em diferentes fases do processo

RESULTADOS ALCANÇADOS

De acordo com os resultados obtidos nas tabelas 1, 2, 3 e 4, a equipe de projeto optou por usar desenhos fotorrealistas de vegetais estampados sobre textura imitando pano de prato branco com o subtítulo (vegetais) em fonte serifada com maior destaque (figura abaixo). Pode-se afirmar que a solução proposta privilegia o perfil 1, não desconsiderando pontos importantes para o perfil 2, como o equilíbrio de cores e a sobriedade da composição.

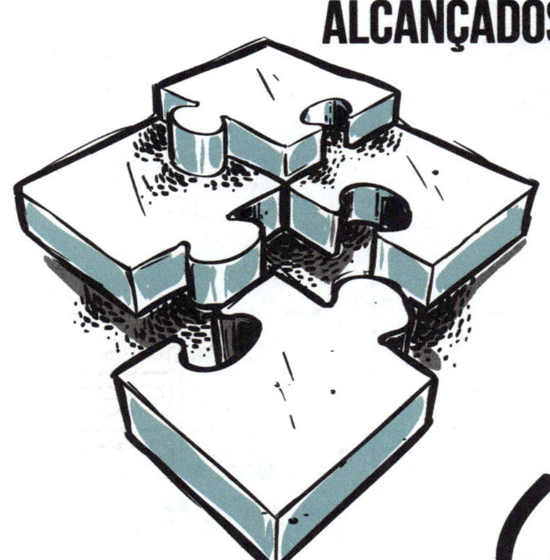

Proposta Final

ESSE CASE FOI APRESENTADO COMO EXEMPLO DE USO DO FLUXOGRAMA. NÃO DEVE SER INTERPRETADO DE FORMA ABSOLUTA.

DEPOIMENTO

"Apresentei um projeto utilizando novamente o fluxograma, o resultado foi tão surpreendente e esclarecedor, que as clientes descobriram muitas possibilidades dentro da ideia inicial que tinham do público e do conceito. Resultado: resolvemos expandir o projeto, e, além disso, ganhei clientes super satisfeitas e seguras dos novos caminhos a seguir. Virei fã do processo!"

-Anna Hoppe

Anna é designer gráfica e empresária. Ela foi aluna de Júlio em um curso de pós-graduação em que ele apresentou o funcionamento desse fluxograma.

Após o aprimoramento do fluxograma anterior, foi feita uma versão direcionada para projetos de interfaces que integra essa lógica com a metodologia proposta por Garret (2011).

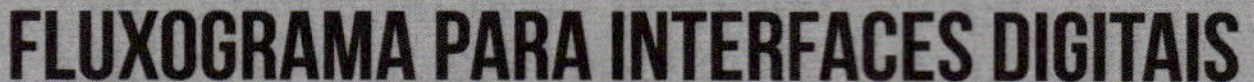

FLUXOGRAMA PARA INTERFACES DIGITAIS

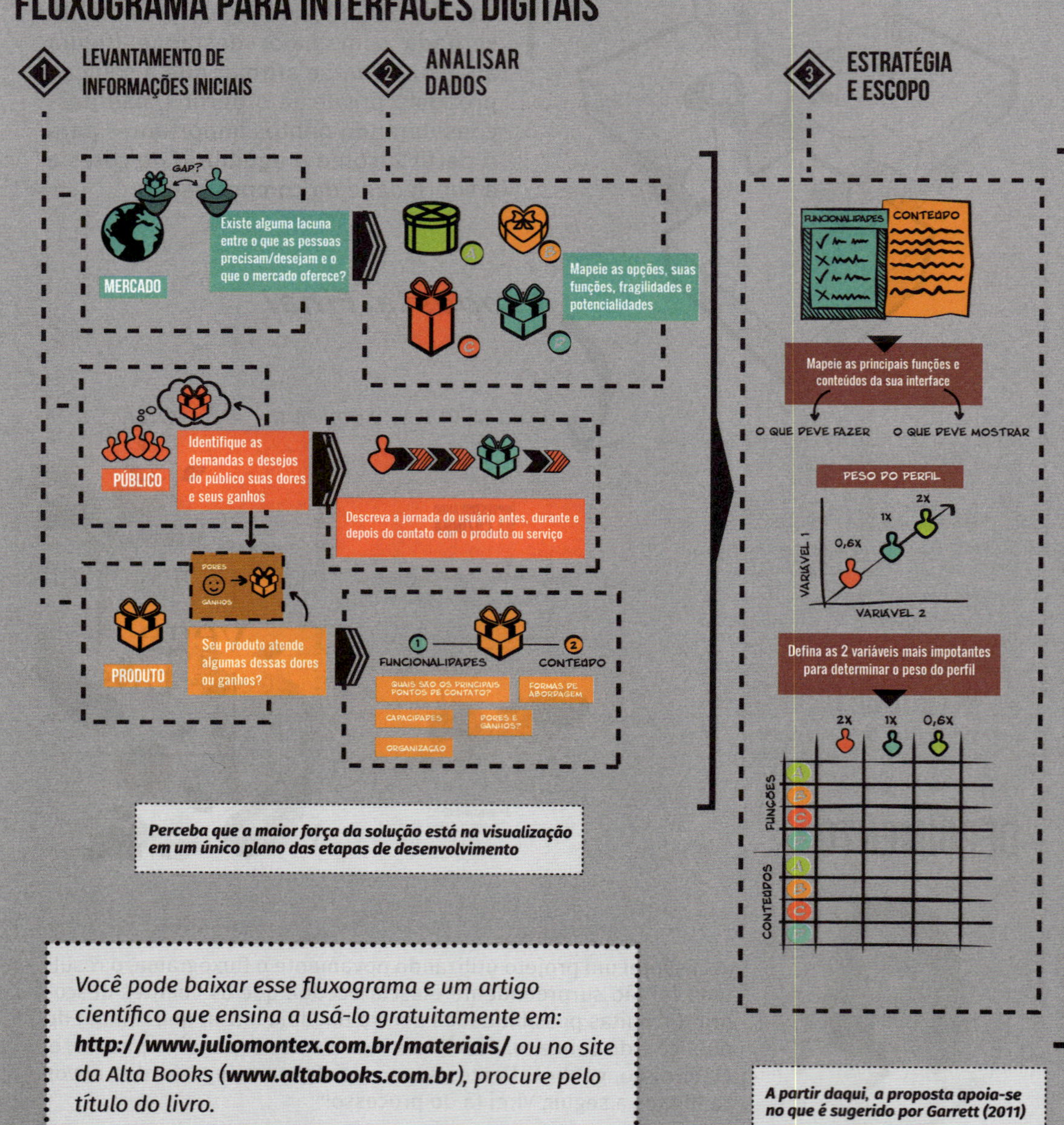

*Você pode baixar esse fluxograma e um artigo científico que ensina a usá-lo gratuitamente em: **http://www.juliomontex.com.br/materiais/** ou no site da Alta Books (**www.altabooks.com.br**), procure pelo título do livro.*

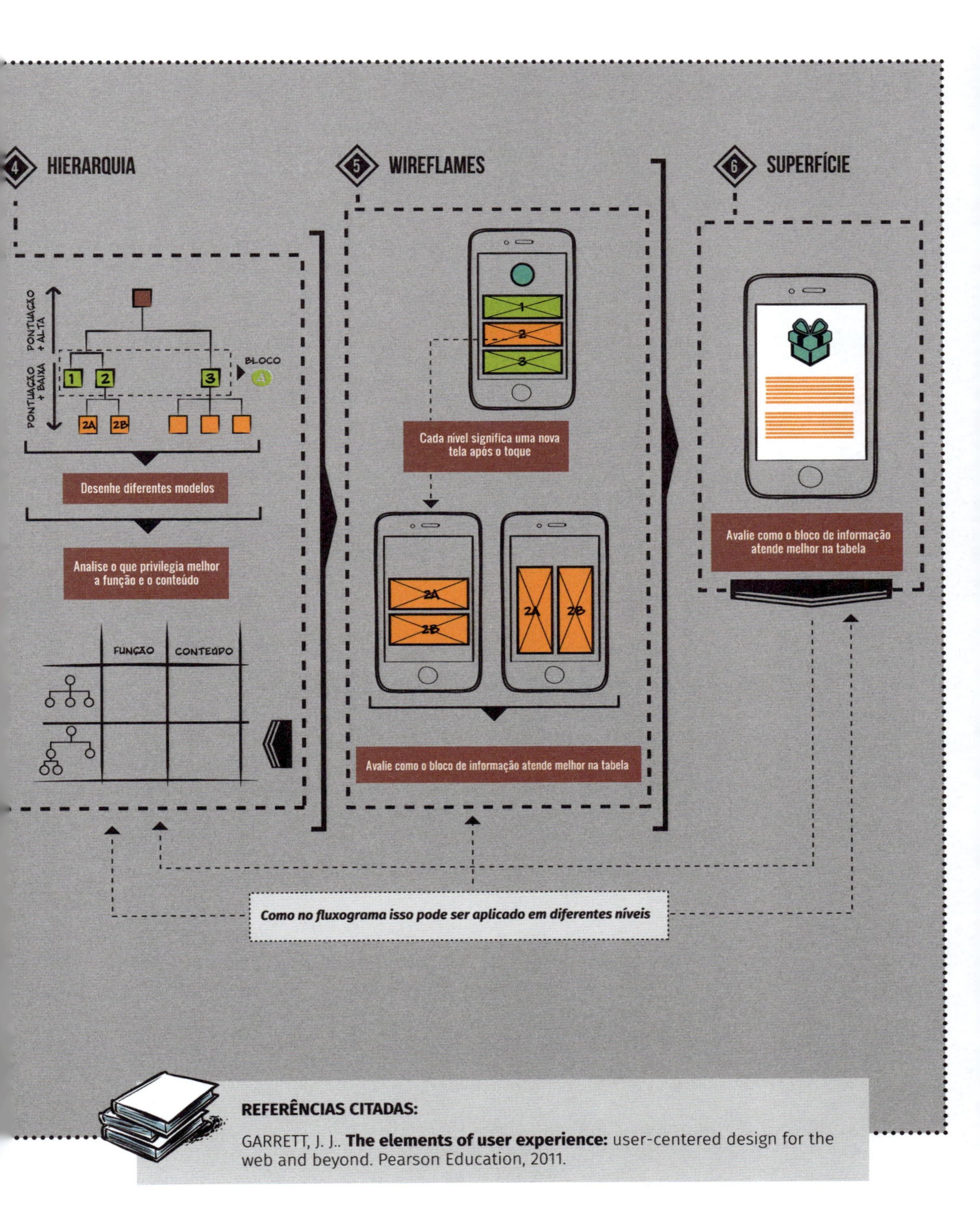

REFERÊNCIAS CITADAS:

GARRETT, J. J.. **The elements of user experience:** user-centered design for the web and beyond. Pearson Education, 2011.

CASE 4: PARA ESCALAR RÁPIDO

O RELATO DE UMA EMPRESA QUE APOSTOU EM PROCESSOS DINÂMICOS DE GESTÃO

A Resultados Digitais foi fundada em 2011 por cinco sócios que acreditavam em uma nova forma de fazer Marketing Digital. Tal forma tinha como objetivo trazer resultados reais de negócio, por meio da análise de dados e da produção de conteúdo. Desde o princípio, a empresa foi desenhada para ter um crescimento acelerado; logo, uma competência que necessitou ser desenvolvida foi a capacidade de escalar. Em seis anos, ela saiu de cinco pessoas no time para 400 e alcançou mais de 7.000 clientes, além de mais de 1.000 parceiros.

RELATOR DO TÓPICO

Bruno Cavaler Ghisi

- Graduado em Sistemas de Informação e Mestre em Ciências da Computação pela UFSC
- Cofundador e CTO da Resultados Digitais

bruno.ghisi@resultadosdigitais.com.br

Vamos conhecer como processos, ferramentas e dashboards visuais ajudaram a Resultados Digitais a escalar!?

A Resultados Digitais foi eleita, pelo terceiro ano consecutivo, em 2016, a melhor empresa para se trabalhar em Santa Catarina de acordo com o "Great Place to Work". Além dos seus eventos itinerantes de educação realizados pelo Brasil, ela organiza anualmente o RD Summit, em Florianópolis, que na última edição (2016) reuniu cerca de 5.500 pessoas nas mais diversas trilhas.

Além disso, possui uma infraestrutura para suportar uma massa crítica de dados em crescimento, como disparar 200 milhões de e-mails por mês e gerir 80 milhões de contatos em seus bancos.

ESCALAR, ESCALAR E ESCALAR

O produto principal da Resultados Digitais é uma plataforma de automação de marketing chamada RD Station, que é ofertada no modelo de software-como-serviço. O produto possui alguns concorrentes diretos e cada área específica possui concorrentes verticais. O principal desafio recorrente é ter um produto muito competitivo no nosso segmento de automação de marketing e nessas verticais. Para continuar alcançando esse objetivo, é necessário priorizar muito bem o backlog do que será feito, ter um produto fácil de usar, evoluir a arquitetura para suportar o crescimento da base (são múltiplos agressivos a cada ano), desenvolver as pessoas, lideranças e melhorar a eficiência dos processos e ferramentas para a escala.

Na área de Produto e Engenharia, existem hoje 85 pessoas e uma previsão de crescimento bem agressiva para os próximos anos. As pessoas estão divididas em 12 times. Os times são multidisciplinares e possuem todos os perfis para resolver seus problemas: designer, desenvolvedores, analista de qualidade (QAs), product manager e líder técnico. Todo modelo de trabalho se baseia em premissas ágeis, **em que a comunicação e as pessoas são sempre valorizadas em relação a qualquer documentação e processo.**

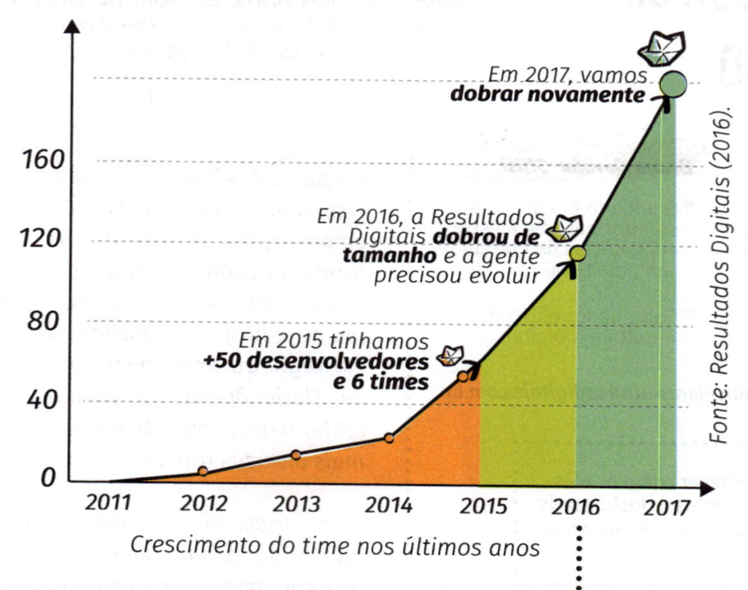

Crescimento do time nos últimos anos

Em **2016**, especificamente na área em questão, foi necessário evoluir bastante a estrutura de gestão para suportar o crescimento e permitir potencializar a entrega de resultados.

O MODELO DE GESTÃO TEVE QUE SE ADEQUAR AO DESAFIO

No início de 2016, existiam seis times que trabalhavam em um modelo de Kanban compartilhado[22]. Ou seja, cada tarefa que entrava no Kanban para ser desenvolvida era roteada para algum dos times. Com isso, era bem difícil garantir um aprofundamento de todo o time em uma determinada temática de produto, já que a cada nova tarefa essa temática mudava. Logo, também era bem difícil competir com uma empresa vertical que possui seus times dedicados e focados para resolver apenas um problema de negócio.

Kanban compartilhado
Fonte: Resultados Digitais (2016).

Além disso, o modelo de Suporte Técnico funcionava com uma espécie de roteamento entre a área, ou seja, cada semana um desenvolvedor ficava responsável por atender os tickets de suporte que eram escalados. Isso trazia muitos problemas na resolução, como a demora para fechamento e a baixa capacidade de resolução, dados o tamanho e a complexidade do software, bem como eventuais problemas de contexto na passagem de tickets para o próximo responsável.

Também existia um problema de prestação de contas por parte do time, já que usavam processos diferentes, como Kanban e Scrum, e uma série de ferramentas distintas de acompanhamento. Logo, era difícil entender quando era um problema de execução ou de planejamento, bem como obter o necessário aprofundamento para conseguir ajudar.

NOTA:

[22] O Kanban compartilhado era utilizado na RD para a distribuição de tarefas. Quando uma tarefa entrava no Kanban, ela era distribuída para algum dos times de desenvolvimento que estivesse disponível. Kanban é uma ferramenta com origens no Lean (ver página 37).

A expectativa para o final do ano de 2016 era dobrar a equipe para 85 pessoas e 12 times. Era fato que seria necessário melhorar muito o nosso produto e suporte, com certeza aquele modelo de trabalho não iria funcionar. Então foi realizada uma série de mudanças e ajustes prevendo essa escala e com o intuito de resolver esses problemas, sendo eles:

1 Estrutura

O primeiro passo foi arrumar a estrutura dos times, inspirada no modelo do Spotify. O produto foi fatiado e especializado em times que seriam responsáveis por cada uma das partes. Não iria existir mais um Kanban compartilhado na área, cada time teria o seu próprio.

Essa estrutura fomenta a autonomia, que favorece mais entregas. No entanto, por outro lado, favorece desalinhamentos, já que, pelo fato de os times serem independentes, eles podem eventualmente duplicar esforços. A forma de diminuir esses desalinhamentos é aumentando a comunicação, seja nos canais padronizados, seja em rituais, *team buildings* ou conversas. Com esse intuito, também foram formalizadas lideranças técnicas de áreas específicas, como Qualidade e Design, com o objetivo de garantir alinhamento e troca entre todos os times, evolução dessa função técnica na organização e comunicação para a área.

Reunião dos times.
Fonte: Resultados Digitais (2016).

Ser responsável por áreas específicas do produto inclui se preocupar com tudo: aspectos da adoção e retenção de funcionalidades, qualidade do código gerado, backlog de bugs, ocorrência e criticidade de incidentes, performance do software e suporte técnico.

Outro assunto importante é a clareza de papéis, tanto nos times como a função do líder técnico e do product manager, quanto à responsabilidade entre os times. Por exemplo, um determinado ticket de suporte poderia ter dois times responsáveis. É importante haver clareza e comunicação para a evolução desses alinhamentos e aprimoramentos.

Encontros para alinhamento do time.
Fonte: Resultados Digitais (2016).

No final daquele mesmo ano, após o aumento da quantidade de colaboradores, também evoluímos a estrutura para suportar o conceito de tribo. Tribo é um agrupamento de times em uma temática de produto. Por exemplo, temos times de produto de e-mail marketing, conformidade, entregabilidade e automação. Hoje, eles fazem parte de uma tribo chamada Relacionamento, que possui um product manager de tribo para tratar da visão e roadmap dessa área, bem como um líder técnico de tribo para acompanhar a execução dos projetos, decisões técnicas e desenvolvimento das pessoas. Isso ajuda a abstrair de uma nova forma que permita a escala.

2 Cultura

A organização que se busca criar na Resultados Digitais é com alto alinhamento e alta autonomia. O primeiro item exige bastante transparência da gestão, clareza dos objetivos e comunicação. O segundo, implica realmente acreditar nas pessoas, reduzir a necessidade de controle, dar uma direção clara e deixá-las interagirem para encontrar soluções e serem responsáveis pelos resultados da entrega.

> **POR ISSO, NENHUM INDIVÍDUO É MAIOR QUE SEU TIME, QUE NÃO É MAIOR QUE A ÁREA, QUE NÃO É MAIOR QUE A ORGANIZAÇÃO. ESSA É UMA PREMISSA DE TRABALHO. AS PESSOAS DEVEM TER LIBERDADE PARA ENCONTRAR FORMAS DE ATINGIR RESULTADOS, DESDE QUE ESTES SEJAM OS MESMOS OBJETIVOS COMPARTILHADOS PELO GRUPO.**

Foi criado também um blog técnico sobre nosso trabalho para criar um orgulho interno do que era feito, exigir excelência no aprendizado daquilo quando fosse compartilhar externamente, bem como fomentar o aprendizado interno. Além disso, criar esse tipo de conteúdo ajuda na atração de pessoas do mesmo nível.

3 Processo

O aumento de pessoas e o número de times trouxe uma série de necessidades de melhorias nos processos. Do ponto de vista de gestão, os times continuaram com o modelo de alinhamento diário (*daily meeting*) e acompanhamento semanal (*sprint review*), que tinha uma característica de ajudar no acompanhamento, replanejamento e compartilhamento de lições aprendidas. No entanto, o objetivo é sempre flexibilizar o formato e a cadência disso nos times, bem como de suas outras ações, com o objetivo de permitir encontrar novos aprendizados, novas formas de executar algo, fomentar a inovação e o compartilhamento de aprendizados de sucesso e fracasso entre todos.

Além disso, as lideranças monitoravam a saúde dos seus times através de um dashboard, que continha KPIs e metas que representavam uma visão momentânea da sua situação. A área também utilizava um dashboard compilado que representava o estado geral. Semanalmente, os times também preenchiam um relatório que tinha como objetivo trazer o status do dashboard, andamento dos projetos e quaisquer outros pontos adicionais que valessem o compartilhamento. O principal intuito disso era fazer com que os times refletissem sobre como estavam indo e servir de ferramenta de comunicação para alinhamento e para que outras pessoas da área pudessem ler e trazer insights.

Reuniões para alinhamento. Área de Produto e Engenharia
Fonte: Resultados Digitais (2016).

Foi também criado um planejamento mensal, do qual todos os times participavam. Ele seguia uma agenda de apresentações em que se mostrava a visão da área, dashboard, resultados alcançados, bem como outros comunicados pertinentes. Ainda nesse evento, os times apresentavam seus resultados e aprendizados. Era um evento interno da área.

Foi ainda criado um evento que permitia a participação de outras áreas da empresa, chamado Product Review. Nesse evento, todos os product managers apresentavam as novidades do produto e a direção das próximas semanas e meses. O intuito era promover e facilitar o canal de comunicação dos membros da organização com os times, e no final era possível fazer perguntas e conversar diretamente.

Em uma organização que incentiva novas formas de resolver problemas e na qual se esperam resultados agressivos, é normal haver um ambiente de evolução e aprendizado. Nesse contexto, é comum cometer erros – e tudo bem que seja assim; o problema é não aprender com esses erros. Por isso, toda vez que era cometido um erro de impacto, criava-se um processo de *post mortem* para se entender o que havia acontecido. Todas as pessoas envolvidas eram chamadas para traçar a cronologia do incidente, entender as ações, impactos negativos, aprender e sugerir (ou automatizar) uma forma de aquilo não acontecer mais.

Para mensurar a saúde do time, foi também criada uma espécie de *planning poker*, em que cada integrante do time votava entre vermelho, amarelo e verde, respectivamente, ruim, adequado e bom, na ótica de cada um dos critérios relacionados ao time, como felicidade, resultado para o cliente, saúde do código etc. O time ainda definia se aquele item estava estável, piorando ou melhorando, através de uma seta. Essa é uma ferramenta muito interessante para alinhar times, receber feedbacks e entender em grupo como podem melhorar.

Por fim, também foi estruturado um modelo de conversas periódicas (semanais ou quinzenais) entre líderes e liderados. As conversas de one-to-one têm como objetivo estreitar laços nessa relação, alinhar caminhos na empresa e ter empatia de ouvir para ajudar.

Todas essas ações ajudaram a acertar a cadência de crescimento e criar um ambiente em que as pessoas pudessem realmente praticar a melhoria contínua. Toda vez que há um novo processo ou alguma mudança, é comum ele não começar ideal, melhora-se muito ouvindo feedbacks e ajustando até se chegar às melhores práticas.

CONSIDERAÇÕES SOBRE O CASE 4

Por meio dessas ações foi possível criar uma estrutura que permitisse escalar as equipes de Produto e Engenharia para centenas de pessoas. Obviamente, existem ajustes nas próximas fases de crescimento, mas, sem dúvida, é uma evolução de algo existente.

O formato de gestão ágil e mais visual permitiu estimular o desenvolvimento do indivíduo e fortalecer a cultura de autonomia, que são fatores importantes para o crescimento de uma empresa nos modelos que a Resultados Digitais busca. O time começou a entregar mais e se responsabilizar por todo o ciclo da entrega, entendendo que é sua responsabilidade uma funcionalidade que não está sendo usada ou uma área com muito suporte. As pessoas começaram a "sair das suas bolhas" para entender o contexto maior.

Outro aprendizado foi de que **não existe estrutura perfeita, é necessário entender pontos positivos e negativos de cada estrutura,** bem como o quê funciona melhor para a escala do momento e estilo de organização. Além disso, é importante refletir sobre como diminuir o impacto dos problemas que possam ocorrer. Também é importante pensar nos perfis das pessoas que estão sendo adicionadas na estrutura para terem um impacto positivo ou diminuírem o negativo.

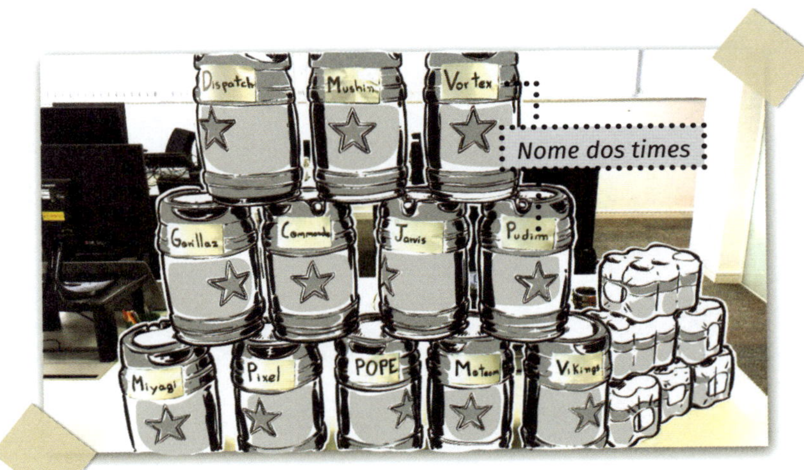

Premiação dos times.
Fonte: Resultados Digitais (2016).

No final, disponibilizamos barris de cerveja nomeados para os times, que foram entregues após baterem as metas e aceitarem os desafios da entrega para 2017.

CASE 5: UMA FERRAMENTA VISUAL

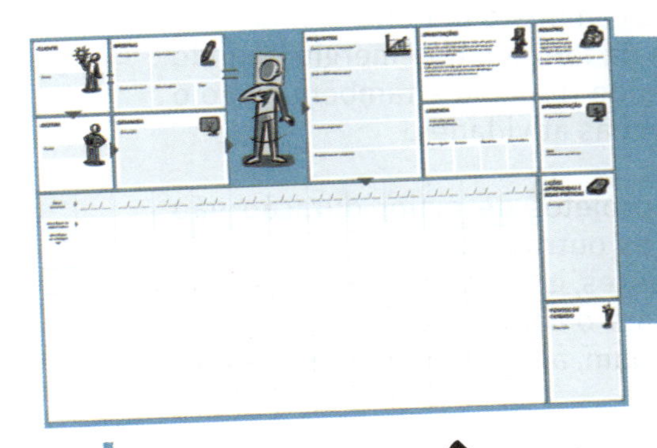

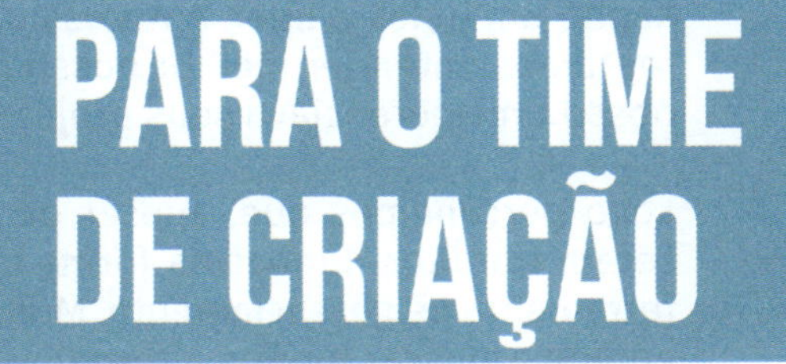

Este case apresenta o desenvolvimento de uma ferramenta visual para auxiliar no gerenciamento de projetos do time de criação de uma startup, a Resultados Digitais.

RELATORA DO TÓPICO

Thais Sprada

- Graduada em Design pela UFSC
- Designer na empresa Resultados Digitais

thaissprada@gmail.com.br

Como visto no relato anterior do nosso CTO, Bruno Ghisi (Case 4), a RD busca o desenvolvimento acelerado por meio de formas enxutas e escalonáveis. Para isso, procura aprimorar constantemente suas práticas e ferramentas de desenvolvimento de projetos. E com nosso time de criação não foi diferente. O relato a seguir detalha o passo a passo que nosso time fez para a construção dessa ferramenta visual. Portanto, espera-se que esse exemplo ajude você a ter uma noção de como desenvolver as suas próprias ferramentas.

A mesma empresa do case anterior (Case 4). Mas, sob um contexto bem diferente.

Nota de esclarecimento:

Este projeto foi desenvolvido pela relatora do case, Thaís Sprada, em parceria com o time de criação da Resultados Digitais e a Universidade Federal de Santa Catarina. Entre os envolvidos, cabe destacar a participação do gestor do time de criação, Paulo Germano, e o autor deste livro, Júlio Monteiro Teixeira, que atuou como orientador no projeto.

CONHEÇA O CASO

Nosso time de criação está inserido no Marketing e é responsável por desenvolver conteúdos visuais. A diretoria, por sua vez, tem a finalidade de atrair o interesse de nossa audiência e, consequentemente, gerar oportunidades de vendas para a área comercial. Na época em que a ferramenta foi desenvolvida, o time era composto por oito membros — sendo um deles o líder. A necessidade da ferramenta emergiu quando tentamos entender melhor nosso fluxo de trabalho e também como o nosso time gerenciava seus projetos e suas atividades.

Logo percebemos que, apesar de os projetos de maior duração não serem tratados da mesma forma que os outros, utilizava-se a mesma ferramenta de gerenciamento. Muitas vezes, isso levava os membros da equipe a buscar modos alternativos para o controle de seus projetos. Além disso, entraves e imprevistos surgiam, acarretando atrasos e mudanças de escopo.

PRIMEIROS PASSOS

Com a finalidade de descobrir as reais necessidades do time quanto ao nosso Processo de Desenvolvimento de Projeto, fizemos um levantamento a partir de diferentes fontes: entrevistas com os integrantes da equipe, análise dos acervos de projetos anteriores e também um levantamento e exploração das ferramentas de gerenciamento de projeto que já haviam sido utilizadas anteriormente.

Devido à sua flexibilidade de estrutura, no momento estávamos utilizando uma ferramenta digital que tinha como proposta organizar tarefas para gerenciamento do projeto. Fazíamos uso da lógica proposta pelo scrum[23], ainda que de forma adaptada a nossa realidade, com divisão de colunas informativas quanto ao status das atividades. O quadro de operação envolvia: ***tarefas:*** para questões mais pontuais e de curta duração e ***projetos:*** quando considerados de maior porte, complexidade e impacto. Os projetos costumavam exigir maior tempo para o desenvolvimento. Cabe destacar que o relato deste case é acerca do desenvolvimento de uma ferramenta visual focada nesses ***projetos.***

NOTA:

[23] Metodologia ágil para gerenciamento de projetos de software. Mais detalhes podem ser acessados em: http://www.desenvolvimentoagil.com.br/scrum/

ENTENDA O NOSSO FLUXO DO TRABALHO

Primeiramente, a atividade solicitada era inserida pelo cliente em um cartão na coluna de espera, nomeada como Backlog. Tratando-se de tarefas, esse cartão transitaria entre colunas correspondentes às fases de desenvolvimento da atividade, como: a fazer, sendo feito e finalizado. Porém, quando envolvia os projetos, os cartões permaneciam em apenas uma coluna durante todo o seu andamento, apenas como modo de exibição de uma lista sobre quais estavam sendo desenvolvidos na equipe.

Ainda sobre os cartões projetuais, o membro do time a quem foi delegada a responsabilidade sobre o desenvolvimento – também chamado de gerente – era quem organizava os detalhes de acordo com o seu próprio entendimento e método. Dessa forma, não havia padrões, as informações variavam em número e modos de dispor etapas, stakeholders, entregas, prazos etc.

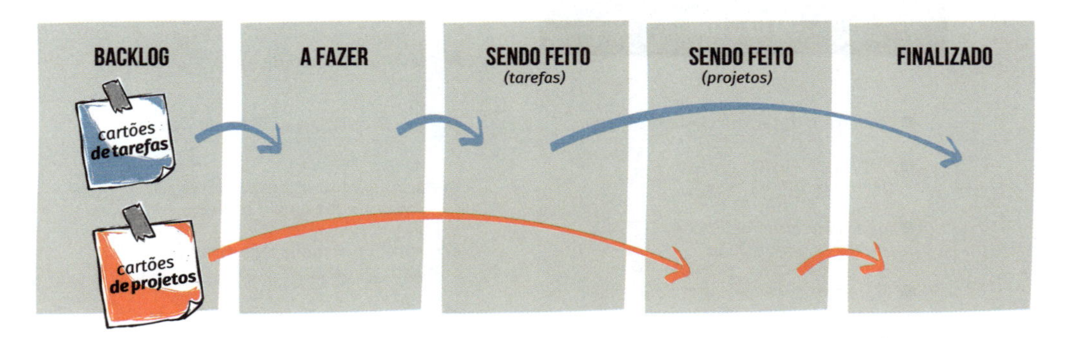

ENTREVISTAS COM A EQUIPE

Para entendermos melhor as reais dificuldades da equipe, realizamos entrevistas semiestruturadas com membros que já tinham conduzido projetos no time. Um roteiro foi utilizado para o gestor e outro para os demais integrantes. No entanto, de modo geral, as perguntas investigavam como os entrevistados compreendiam o processo de desenvolvimento e gerenciamento de projetos. Durante as entrevistas, materiais extras como papel, lápis de cor e canetas foram disponibilizados para facilitar a expressão e comunicação, o que auxiliou as gravações de áudio para a análise das informações obtidas.

Reunimos e sintetizamos as respostas das entrevistas a partir da ligação de tópicos que abordavam os mesmos problemas ou temas. Portanto, relatos individuais foram aglutinados e depois agrupados em quatro categorias principais: acompanhamento do gestor; gerenciamento dos stakeholders; gerenciamento das atividades e registro e documentação das práticas. Para cada grupo, definimos os requisitos pertinentes.

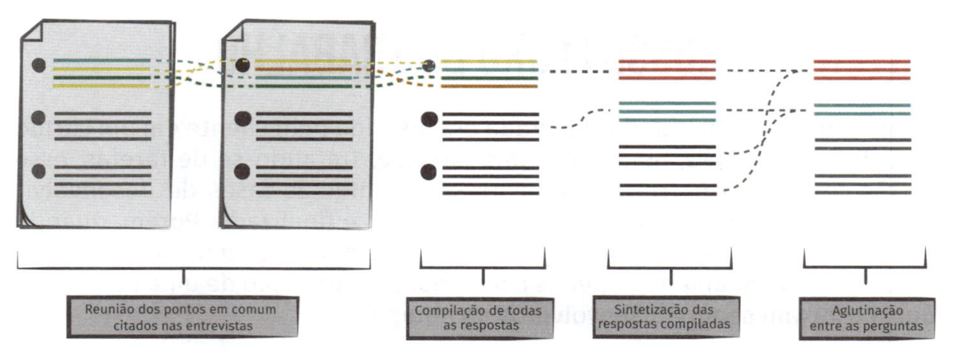

Entenda melhor o processo de análise.

ACOMPANHAMENTO DO GESTOR

- *Facilitar a antecipação de problemas;*
- *Exibir o status do projeto de modo rápido;*
- *Identificar com facilidade atrasos e pendências;*
- *Promover a visão global do projeto;*
- *Otimizar o tempo de acompanhamento de projetos.*

GERENCIAMENTO DOS STAKEHOLDERS

- *Poder atribuir stakeholders em cada etapa;*
- *Minimizar os desalinhamentos com clientes;*
- *Responsabilizar stakeholders por suas entregas e pelo projeto;*
- *Permitir a visualização sistemática e o seu impacto;*
- *Antecipar possíveis atrasos;*
- *Prever a interação dos stakeholders com o projeto e suas pendências geradas.*

GERENCIAMENTO DAS ATIVIDADES

- *Definir um modo de controle de etapas melhor do que checklists;*
- *Estabelecer um padrão mínimo dentre os membros, porém adaptável, para o cronograma projetual;*
- *Facilitar o gerenciamento dos fatores envolvidos de modo sistemático;*
- *Permitir a visualização integral do projeto.*

REGISTRO E DOCUMENTAÇÃO DAS PRÁTICAS

- *Registrar as lições do projeto;*
- *Convergir o controle de projetos na ferramenta;*
- *Permitir a documentação não burocrática do projeto desenvolvido;*
- *Padronizar suficientemente todo o processo sem empecilhos;*

Principais requisitos encontrados em cada categoria.

Uma das perguntas elaboradas solicitava aos membros que desenhassem como entendiam a estrutura do fluxo de um projeto no time. Com isso, pudemos estabelecer um processo padrão sobre como ele surgia até quando se encerrava. Sobrepondo os desenhos criados, definimos um modelo comum do fluxo a partir da identificação de pontos-chave.

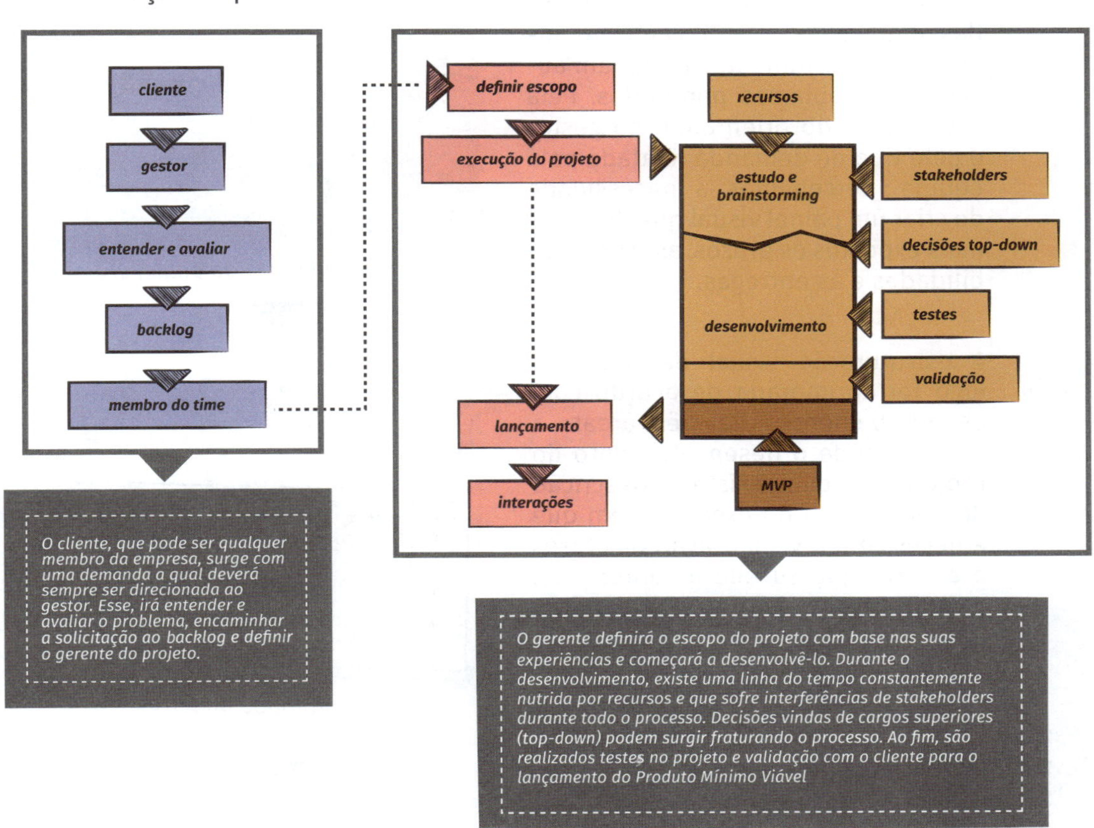
cliente
gestor
entender e avaliar
backlog
membro do time
definir escopo
execução do projeto
lançamento
interações
recursos
estudo e brainstorming
desenvolvimento
stakeholders
decisões top-down
testes
validação
MVP
O cliente, que pode ser qualquer membro da empresa, surge com uma demanda a qual deverá sempre ser direcionada ao gestor. Esse, irá entender e avaliar o problema, encaminhar a solicitação ao backlog e definir o gerente do projeto.
O gerente definirá o escopo do projeto com base nas suas experiências e começará a desenvolvê-lo. Durante o desenvolvimento, existe uma linha do tempo constantemente nutrida por recursos e que sofre interferências de stakeholders durante todo o processo. Decisões vindas de cargos superiores (top-down) podem surgir fraturando o processo. Ao fim, são realizados testes no projeto e validação com o cliente para o lançamento do Produto Mínimo Viável

DESENVOLVIMENTO DE ALTERNATIVAS

Em seguida, relacionamos o fluxo de projetos às análises das entrevistas e, trabalhando sobre um papel de grandes dimensões, identificamos quais métodos e ferramentas poderiam auxiliar os problemas pontuados. Pela experiência do orientador, do gestor e pelo tipo de demanda relatada pela equipe, percebemos a necessidade de criar um painel visual que deixasse mais expostos os prazos, as responsabilidades e as entregas.

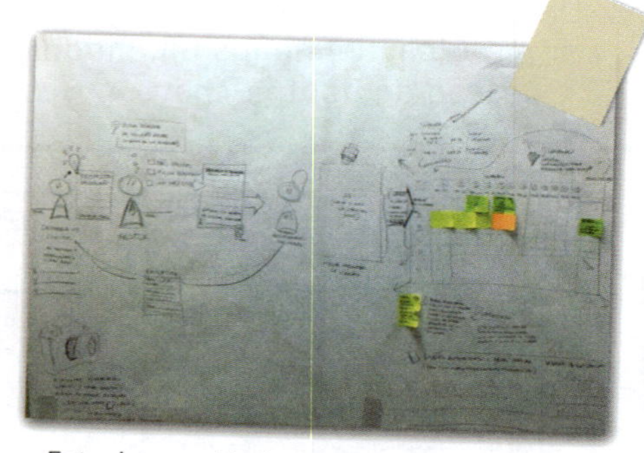

Estudos preliminares do painel visual.

A estruturação visual da proposta logo foi aprimorada de acordo com os agrupamentos de três áreas: a que antecede o desenvolvimento do projeto, na qual existe a descrição da demanda; a de execução, em que é necessária a visualização das fases e a parte que sucede as anteriores, a qual envolve fatores que servirão para registro final do projeto e sua documentação.

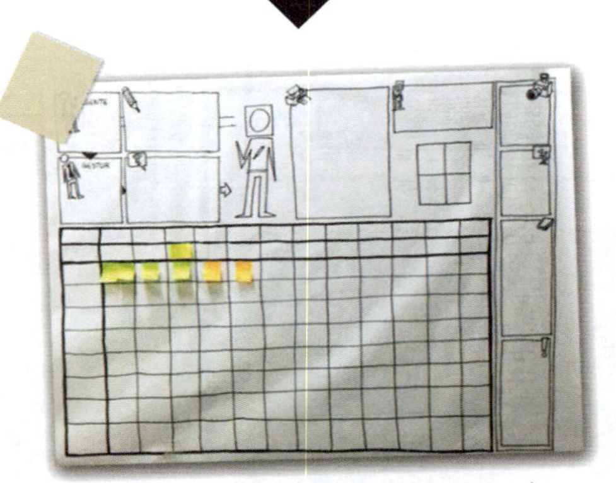

Primeiro protótipo da ferramenta

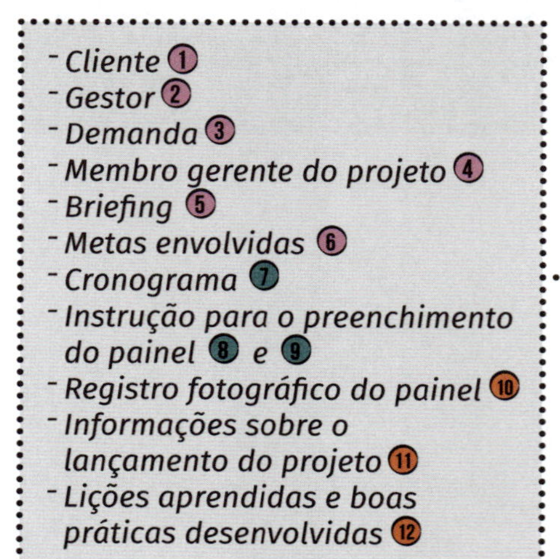

- *Cliente* ①
- *Gestor* ②
- *Demanda* ③
- *Membro gerente do projeto* ④
- *Briefing* ⑤
- *Metas envolvidas* ⑥
- *Cronograma* ⑦
- *Instrução para o preenchimento do painel* ⑧ *e* ⑨
- *Registro fotográfico do painel* ⑩
- *Informações sobre o lançamento do projeto* ⑪
- *Lições aprendidas e boas práticas desenvolvidas* ⑫

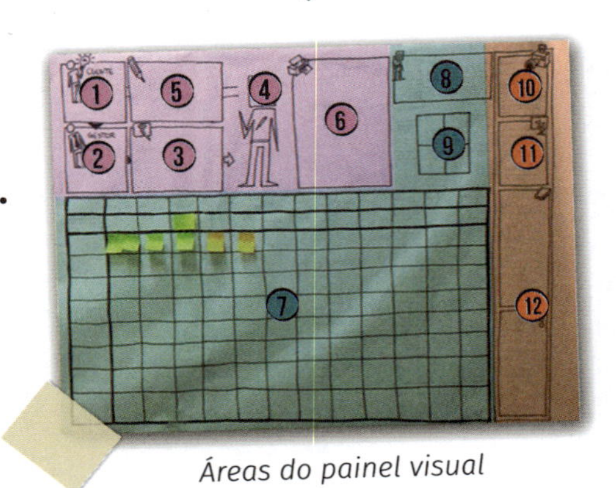

Áreas do painel visual

A Área 7, que possui maior destaque, é onde centralizamos as ações de desenvolvimento do projeto. Consiste em uma tabela em que o eixo horizontal representa as semanas e o eixo vertical expõe as atividades. Dentre as linhas fixas, há espaço para apontar os stakeholders envolvidos, as datas e as macroetapas. A linha do tempo detalhada será preenchida no espaço central por post-its® com especificações de cada atividade, variando em cores quanto ao status de desenvolvimento. Desse modo, é possível estabelecer relações visuais entre os diversos fatores envolvidos no projeto.

FINALIZAÇÃO DA PROPOSTA

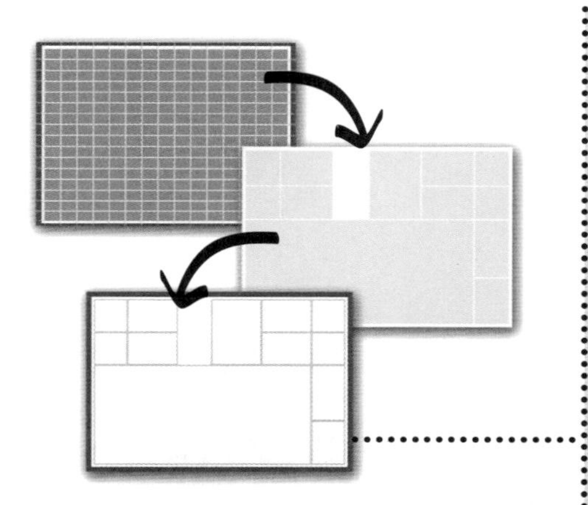

A digitalização da proposta deu início com à construção de um grid modular para estabelecer relações entre as unidades. As proporções dos módulos foram criadas a partir do tamanho das células da tabela do cronograma central.

Após a criação do grid, as zonas espaciais foram posicionadas, preenchidas por caixas de conteúdo e, posteriormente, pelos elementos internos, como textos e ilustrações.

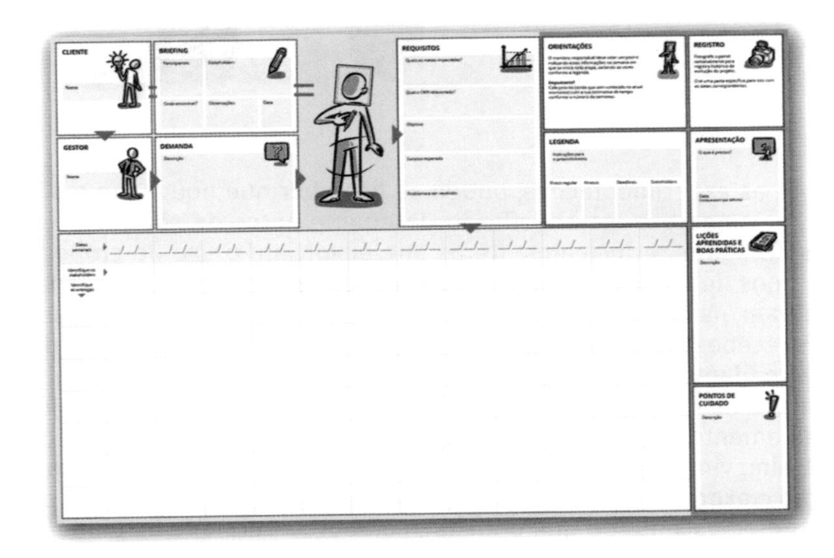

VALIDAÇÃO

Após termos atingido a versão funcional da ferramenta, ela foi colocada em teste para verificar a sua eficiência e coletar feedbacks dos membros quanto ao uso. Até o momento da elaboração desse case, o painel está sendo testado em dois projetos paralelos: um relacionado ao desenvolvimento de um website e outro ao desenvolvimento de um vídeo. Foi interessante notar o engajamento dos membros para utilizá-lo, já que o resultado obtido surgiu por conta das suas contribuições. Após os testes e as coletas de opiniões sobre a experiência de uso, o painel passará por adequações para o estabelecimento de uma versão padronizada.

Durante as experimentações, pudemos perceber que houve um momento de planejamento e maior reflexão da equipe antes de completar os espaços do painel, principalmente os que envolviam o uso do cronograma. Os campos de colunas e linhas dispostos, que poderiam trazer limitações, pareceram, na verdade, contribuir para que o planejamento de datas e entregas recebesse mais atenção. O painel será reajustado quanto às dimensões e readaptado de acordo com a adesão de alguns novos elementos. No entanto, a sua exposição na parede do local de trabalho contribuiu para o engajamento natural da equipe quando se deparavam com ele no dia a dia. Assim, vimos que um método visual possui real importância na organização e expressão de ideias e que o formato analógico do painel, por ser menos efervescente do que o digital, colaborou para que os planejamentos fossem melhor estruturados.

CASE 6: VOLTANDO ÀS ORIGENS, A GESTÃO VISUAL NA INDÚSTRIA

Desde o início do livro até este momento, foram apresentadas adaptações de princípios, práticas e ferramentas de visualização que, em grande maioria, foram sistematizados originalmente no chão de fábrica.

Portanto, apresentar este case originário da indústria no final do livro tem duas funções: 1 - Mostrar paridades entre esses cenários (indústria e escritório de projetos) e 2 - Mostrar que pode haver um sistema de retroalimentação. Ou seja, soluções de um cenário podem ser utilizadas no outro e vice-versa.

RELATOR DO TÓPICO

José Roberto Mateus Junior

- Doutor em Engenharia de Produção
- Gerente Industrial na Celulose IRANI S.A.

josemateus@irani.com.br

Nota de esclarecimento:
Perceba que aqui a organização e divulgação da informação é um fator chave do processo. Note também que vários dos recursos visuais apresentados no início do Capítulo 5 foram utilizados.

A Celulose Irani S.A é uma empresa brasileira de capital aberto fundada em 1941 e, desde 1994, é controlada pelo grupo gaúcho Habitasul. Possuindo processos integrados das florestas aos produtos finais, a empresa produz papéis kraft, chapas e caixas de papelão ondulado e resinas, produtos recicláveis e provenientes de base florestal renovável, atuando no mercado interno e externo.

No mercado de embalagens de papelão ondulado, a Irani é a quarta maior empresa nacional em toneladas produzidas. No negócio Papel, está inserida no mercado de papel kraft para sacos multifoliados conforme definição da Ibá (Indústria Brasileira de Árvores –http://iba.org/pt/) e, ainda de acordo com a organização, está posicionada em sexto lugar no ranking dos maiores produtores de papel e em terceiro lugar no ranking dos maiores produtores de papel para embalagem.

Com uma receita bruta aproximada de um bilhão de reais em 2016, a Irani tem seis unidades de negócio, sendo elas: Unidade de Papel SC, Unidade de Papel MG, Unidade de Embalagem SC, Unidade de Embalagem SP – Indaiatuba, Unidade de Embalagem SP – Vila Maria e Unidade de Resinas localizada no Rio Grande do Sul. Possui ainda dois escritórios corporativos localizados em Joaçaba-SC e em Porto Alegre-RS, sede da presidência da empresa:

Unidades de Negócio e Escritórios da Empresa. Fonte: Celulose Irani.

A empresa, que tem como missão construir relações de valor com seus stakeholders e na sua visão, deseja ser a melhor empresa do setor e estar entre as maiores dos segmentos em que atua, sempre desenvolveu práticas de gestão voltadas à excelência operacional, buscando a qualidade de seus produtos, a satisfação de seus clientes e tudo isso ao menor custo produtivo possível.

Nessa trajetória de busca contínua pela excelência, adquiriu e mantém as principais certificações relevantes para seus processos, tais como: ISO 9001 (Qualidade), ISO 14001 (Meio Ambiente), ISO 14064 (Inventário de Gases de Efeito Estufa – Empresa Carbono Neutro) e o selo FSC – *Forest Stewardship Council*, vinculado ao adequado manejo florestal e à cadeia de custódia. Recebeu prêmios de diversas instituições pelas ações de cunho social, ambiental e financeiro, sendo uma das empresas de maior destaque do setor quanto ao tema sustentabilidade.

TODA EMPRESA PODE SER MAIS ENXUTA

Em 2010, visando aumentar sua competitividade, reduzir seus desperdícios e elevar sua produtividade, a empresa iniciou o processo de implantação do Sistema de Produção Enxuta (*Lean Manufacturing*).

Contando com um departamento denominado Melhoria Contínua e uma equipe interna dedicada em cada unidade de negócio, a Irani, que está há sete anos trabalhando de forma lean, já realizou por volta de 100 projetos de melhoria intitulados *Kaizen*[24], obtendo em cada um deles ganhos financeiros quantitativos e qualitativos, como o desenvolvimento das pessoas e a mudança cultural.

Na Irani, o Kaizen é tratado como um projeto e tem fundamentalmente três grandes etapas: o pré-Kaizen, iniciado com um mês de antecedência, em que se definem os objetivos e iniciam-se as investigações sobre o tema a ser abordado; o Kaizen, que conta com pessoas dedicadas e é realizado durante uma semana, transformando o processo e treinando os envolvidos para que, a partir da semana seguinte, já se possa capturar os ganhos implantados e o pós-Kaizen, em que a equipe de melhoria contínua faz o monitoramento e possíveis correções das ações implantadas

NOTA:

[24] *Kaizen é um termo japonês formado pelas palavras "kai", que significa mudança, e "zen", que significa bom. Kaizen transmite a ideia de todas as pessoas melhorando todas as coisas o tempo todo.*

Modelo da empresa para a aplicação do Kaizen. Fonte: Celulose Irani.

Na Unidade de Embalagem SC, a implantação teve dois focos de atuação: a redução de refugos de papel (principal insumo no custo produtivo das embalagens de papelão ondulado), que em 2010 estavam em níveis preocupantes, e a redução dos tempos de troca de fabricação de caixas nas impressoras, importante componente no ganho de capacidade produtiva com baixo investimento. Com a realização de projetos Kaizen, a empresa conseguiu reduzir seu refugo de papel em 15% e aumentou em 12% a capacidade de produção de caixas nas impressoras.

Na jornada de implantação pelas unidades de negócios, a Irani aplica e desenvolve em seus processos as diversas ferramentas desenvolvidas pela Produção Enxuta, são elas: 5S, trabalho padronizado, nivelamento de produção, mapeamento do fluxo de valor, troca rápida de ferramentas, kanban, PDCA, Método A3, Hoshin Kanri e gerenciamento visual. Os conceitos dessas ferramentas podem ser encontrados no livro de Liker e Meier (2007).

A caminhada de transformação da Produção Enxuta e Melhoria Contínua na empresa é ainda recente, porém traz retornos financeiros importantes, mudança cultural com foco na mentalidade enxuta e casos que podem contribuir para outros negócios, como o que será apresentado aqui e que tem como tema a importância do gerenciamento visual.

Antes de adentrar ao case, faz-se uma breve descrição conceitual sobre o gerenciamento visual na ótica da produção enxuta.

O GERENCIAMENTO VISUAL NO CHÃO DE FÁBRICA

O gerenciamento visual é primordial para uma produção mais enxuta, uma premissa básica para orientar o trabalho a ser executado, pois dita o ritmo e a qualidade da execução. Para Liker e Meier (2007), o controle visual, no sentido mais amplo, está ligado à criação de informações na velocidade e necessidade de todos os tipos para garantir a execução rápida e adequada de operações e de processos. A seguir, são apresentados alguns exemplos do uso desses conceitos que têm apoiado a empresa no avanço da cultura enxuta.

Na Irani, o gerenciamento visual percorre todas as áreas e níveis hierárquicos, demonstrando transparência e o percurso do desdobramento estratégico em indicadores claros, metas desafiadoras e um acompanhamento sistematizado. Para exemplificar a abrangência e a prática do uso do gerenciamento visual, seguem alguns exemplos do dia a dia da empresa.

Exemplo A

O que é?
Desdobramento do Mapa Estratégico – Perspectiva Financeira (figura abaixo).

Qual o nível hierárquico de acompanhamento?
Estratégico – alta administração da empresa;

Frequência de atualização?
Anual.

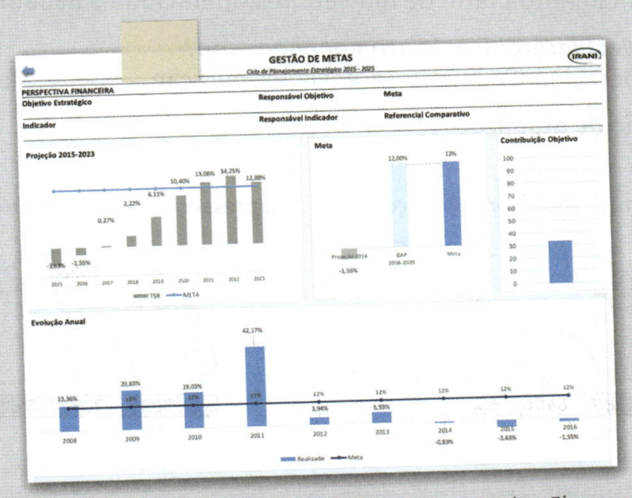

Desdobramento do Mapa Estratégico – Perspectiva Financeira.
Fonte: Celulose Irani.

Exemplo B

O que é?
Acompanhamento diário de indicadores operacionais da fábrica de papel.

Qual o nível hierárquico de acompanhamento?
Tático – alta gerência.

Frequência de atualização?
Diária.

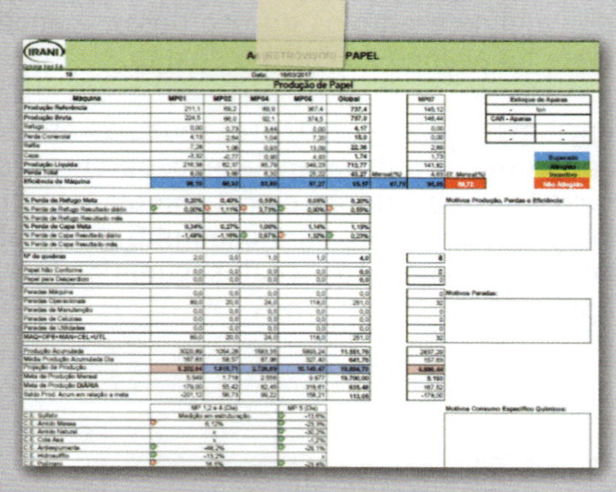

Acompanhamento diário de indicadores operacionais da fábrica de papel.
Fonte: Celulose Irani.

Exemplo C

O que é?
Acompanhamento diário de indicadores operacionais da fábrica de papel.

Qual o nível hierárquico de acompanhamento?
Tático/Operacional – Média Gerência e Operação.

Frequência de atualização?
Diária.

Impressora TCY (Bat/hora produção)

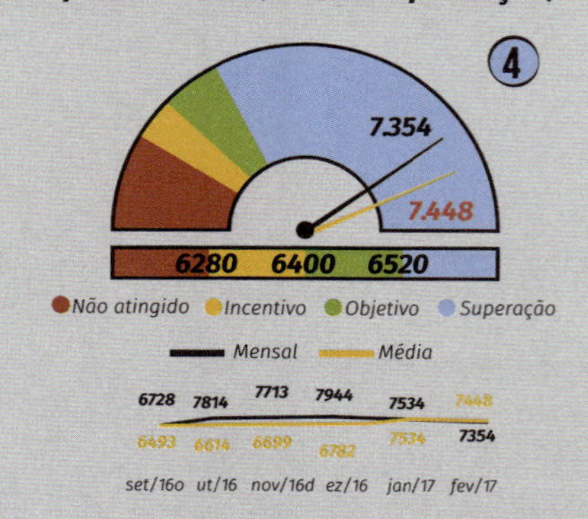

Impressora Sunrise (Bat/hora produção)

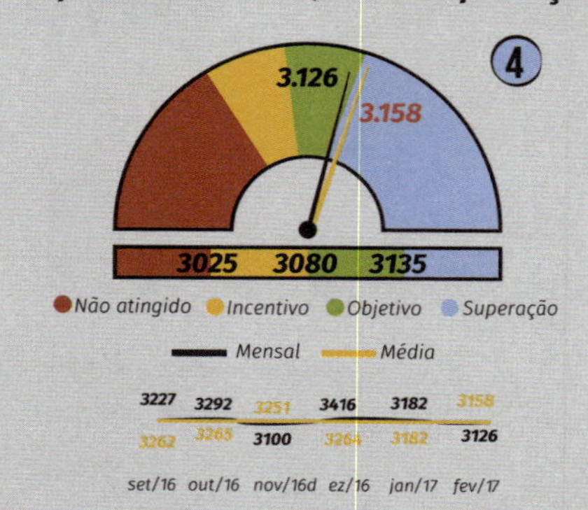

Acompanhamento diário de indicadores operacionais da fábrica de papel.
Fonte: Celulose Irani.

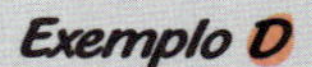

O que é?
Quadros de gerenciamento visual de apontamento diário.

Qual o nível hierárquico de acompanhamento?
Operacional.

Frequência de atualização?
Diária.

Quadros de gerenciamento visual de apontamento diário. Fonte: Celulose Irani.

Dessa forma, o gerenciamento visual é a bússola diária em todos os níveis hierárquicos, pois gera disciplina, apoia a tomada de decisão e deixa a empresa mais ágil para as mudanças de competitividade que se apresentam no mercado.

Um relato mais detalhado sobre o uso do gerenciamento visual como instrumento de apoio ao gerenciamento de ações é apresentado a seguir.

O PROBLEMA

O problema consistia nas perdas produtivas na onduladeira, e acreditamos que esse era um problema que poderia ser resolvido de forma visual.

O processo produtivo do papelão ondulado consiste, primeiramente, na junção de três papéis para produção de onda simples ou de cinco papéis para onda dupla.

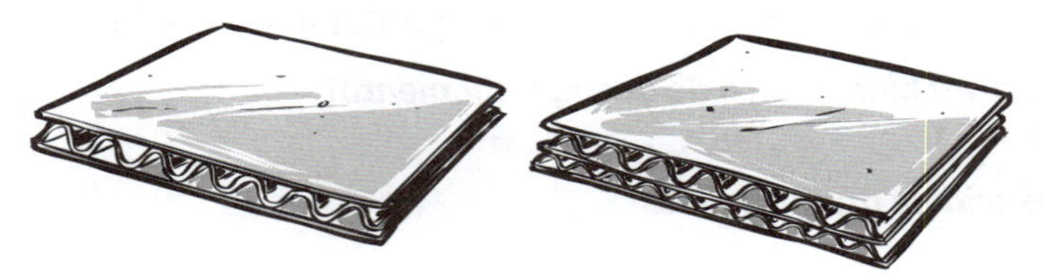

Papelão Ondulado. Onda simples e onda dupla.

Essa etapa se dá em um equipamento chamado onduladeira, no qual são acopladas e coladas as capas (papéis reciclados ou de fibra vigem/kraft) ao miolo (parte ondulada), para a então formação da chapa ondulada.

No problema apresentado neste case, o foco de atuação do Kaizen foi na parte da onduladeira denominada Slitter Scorer, ou vincadeira. Esse equipamento é responsável por determinar as larguras das chapas e por fazer os vincos responsáveis pelas dobras nas caixas a serem convertidas no processo seguinte. No momento de realização do projeto, essa parte da máquina era a principal responsável pelo downtime (paradas não planejadas) do equipamento, um total de 42,4 horas de paradas de máquina por ano, e o tempo médio entre as falhas era de 23,5 horas.

A ESCOLHA DA EQUIPE

Para trabalhar na redução desses indicadores, foi montada uma equipe multifuncional, seguindo as premissas de prática de Kaizen na empresa, e foram convidadas oito pessoas. Os participantes foram provenientes dos seguintes setores: onduladeira, setor de manutenção, controle de qualidade e das impressoras (responsáveis pela transformação da chapa produzida pela onduladeira em caixas).

A equipe designada deslocou-se da rotina de trabalho e focou integralmente durante uma semana para trabalhar no Kaizen.

Equipe participante do Kaizen na Onduladeira.
Fonte: Celulose Irani.

OBJETIVOS

Os objetivos do Kaizen foram:

INDICADOR	OBJETIVOS	ATUAL	META	PROJEÇÃO GANHO %
DOWNTIME	Reduzir o downtime da vincadeira	*42,12 h/ano*	*29,49 h/ano*	*30*
TEMPO MÉDIO ENTRE FALHAS	Aumentar o MTBF da vincadeira	*23,5 h*	*31 h*	*30*

Para embasar e, depois do Kaizen, gerar o acompanhamento adequado, foram desenvolvidas as duas análises apresentadas nos gráficos a seguir:

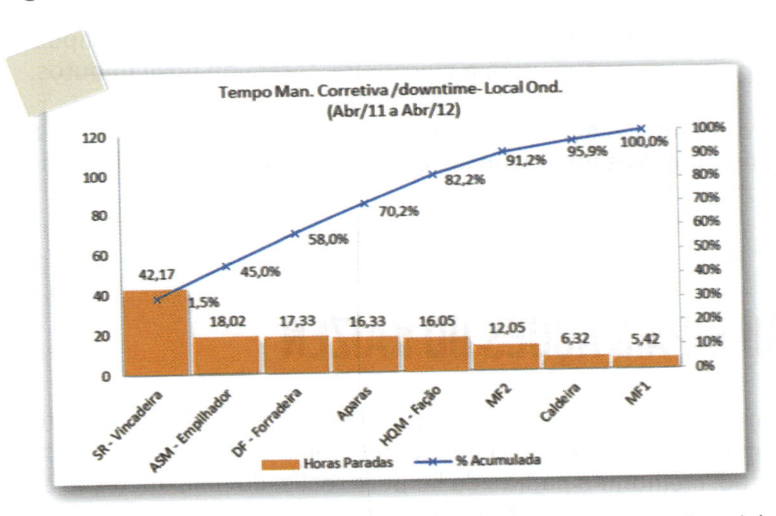

Gráfico de priorização de ação para o Kaizen, demonstrando a vincadeira como principal vilão do downtime. Fonte: Celulose Irani.

Na figura anterior, é apresentado um gráfico de Paretto, demonstrando as partes da onduladeira causadoras de downtime e a quantidade de horas de paradas não planejadas em cada uma delas.

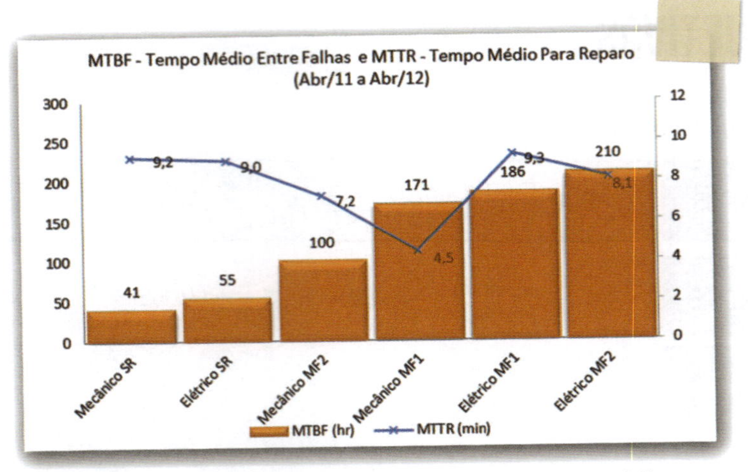

Indicador de acompanhamento de tempo médio entre falhas e tempo médio para reparo. Fonte: Celulose Irani.

Esse segundo gráfico demonstra os tempos médios entre falhas, que no caso da vincadeira (SR), somam-se 96 minutos, e os tempos médios para reparo, que, para a vincadeira, foram de nove minutos.

Com os objetivos em mãos, a equipe dedicou-se ainda mais ao aprofundamento, e assim traçou ações diretamente ligadas ao tratamento dos problemas.

PRINCIPAIS AÇÕES DO KAIZEN

Na investigação das raízes dos problemas que levavam ao alto downtime na vincadeira, a equipe identificou duas principais frentes de atuação: melhorar o padrão de limpeza realizado pela operação e aprimorar a realização das inspeções por parte da equipe de manutenção.

Para a melhoria do processo de limpeza, a equipe se aprofundou e desenvolveu trabalhos padronizados com base no Manual do Equipamento. Tais trabalhos foram confeccionados com vistas aos princípios de gerenciamento visual e que, após sua conclusão, ficaram expostos na área de trabalho para rápido acesso da operação.

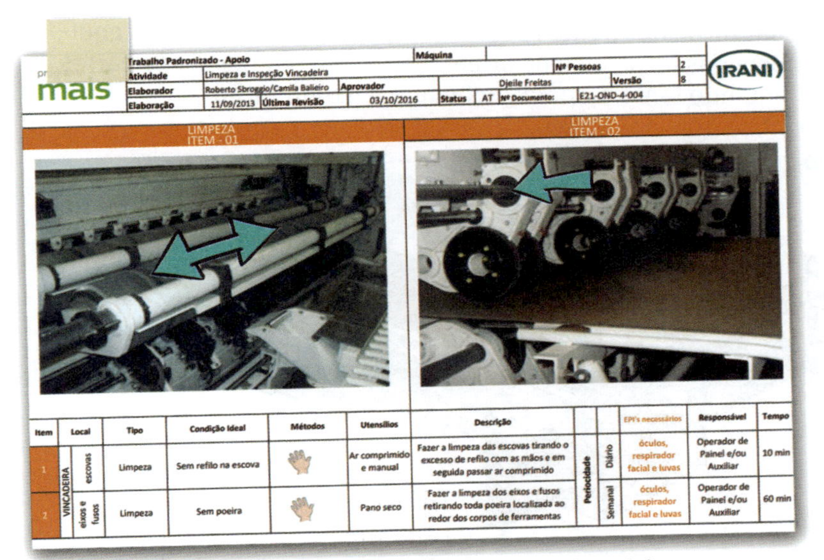

mais

Trabalho Padronizado - Apoio

Atividade	Limpeza e Inspeção Vincadeira			Máquina		Nº Pessoas	2
Elaborador	Roberto Sbroggio/Camila Balieiro	Aprovador		Djeile Freitas		Versão	8
Elaboração	11/09/2013	Última Revisão	03/10/2016	Status	AT	Nº Documento:	E21-OND-4-004

IRANI

LIMPEZA ITEM - 01

LIMPEZA ITEM - 02

Item	Local		Tipo	Condição Ideal	Métodos	Utensílios	Descrição			EPI's necessários	Responsável	Tempo
1	VINCADEIRA	escovas	Limpeza	Sem refilo na escova		Ar comprimido e manual	Fazer a limpeza das escovas tirando o excesso de refilo com as mãos e em seguida passar ar comprimido	Periodicidade	Diário	óculos, respirador facial e luvas	Operador de Painel e/ou Auxiliar	10 min
2	VINCADEIRA	eixos e fusos	Limpeza	Sem poeira		Pano seco	Fazer a limpeza dos eixos e fusos retirando toda poeira localizada ao redor dos corpos de ferramentas	Periodicidade	Semanal	óculos, respirador facial e luvas	Operador de Painel e/ou Auxiliar	60 min

Trabalho padronizado de limpeza da vincadeira.
Fonte: Celulose Irani.

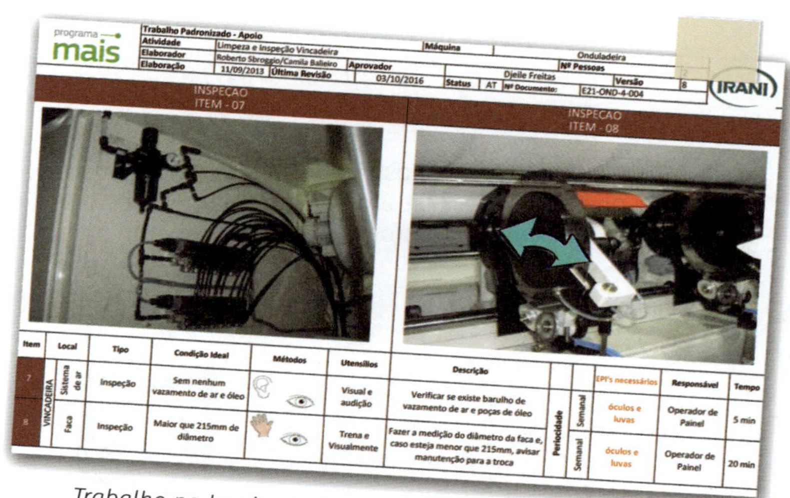

programa mais

Trabalho Padronizado - Apoio

Atividade	Limpeza e Inspeção Vincadeira			Máquina	Onduladeira	Nº Pessoas	
Elaborador	Roberto Sbroggio/Camila Balieiro	Aprovador		Djeile Freitas		Versão	8
Elaboração	11/09/2013	Última Revisão	03/10/2016	Status	AT	Nº Documento:	E21-OND-4-004

IRANI

INSPEÇAO ITEM - 07

INSPEÇAO ITEM - 08

Item	Local		Tipo	Condição Ideal	Métodos	Utensílios	Descrição			EPI's necessários	Responsável	Tempo
7	VINCADEIRA	Sistema de ar	Inspeção	Sem nenhum vazamento de ar e óleo		Visual e audição	Verificar se existe barulho de vazamento de ar e poças de óleo	Periodicidade	Semanal	óculos e luvas	Operador de Painel	5 min
8	VINCADEIRA	Faca	Inspeção	Maior que 215mm de diâmetro		Trena e Visualmente	Fazer a medição do diâmetro da faca e, caso esteja menor que 215mm, avisar manutenção para a troca	Periodicidade	Semanal	óculos e luvas	Operador de Painel	20 min

Trabalho padronizado de inspeção por parte da manutenção.
Fonte: Celulose Irani.

Nos trabalhos padronizados preconizados pela produção enxuta, é sempre importante ter objetiva e visualmente descritos as atividades, as responsabilidades, os métodos, os equipamentos de segurança e o tempo para execução. E dessa forma as equipes trabalharam, tal como exposto nas figuras.

Para facilitar a visualização dos pontos a serem limpos e inspecionados, a equipe do Kaizen também desenvolveu uma orientação visual remetendo às partes da máquina e orientando tanto a operação quanto a manutenção:

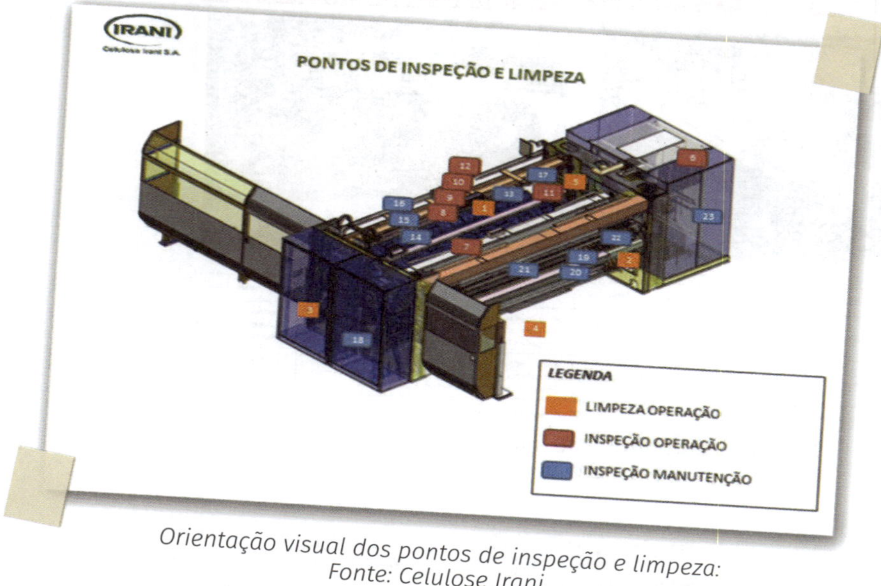

Orientação visual dos pontos de inspeção e limpeza: Fonte: Celulose Irani.

Para acompanhamento e exposição de anomalias nas ações do dia a dia, a equipe desenvolveu um checklist e cartões de limpeza e inspeção que devem ser preenchidos diariamente, tanto pela operação quanto pela manutenção:

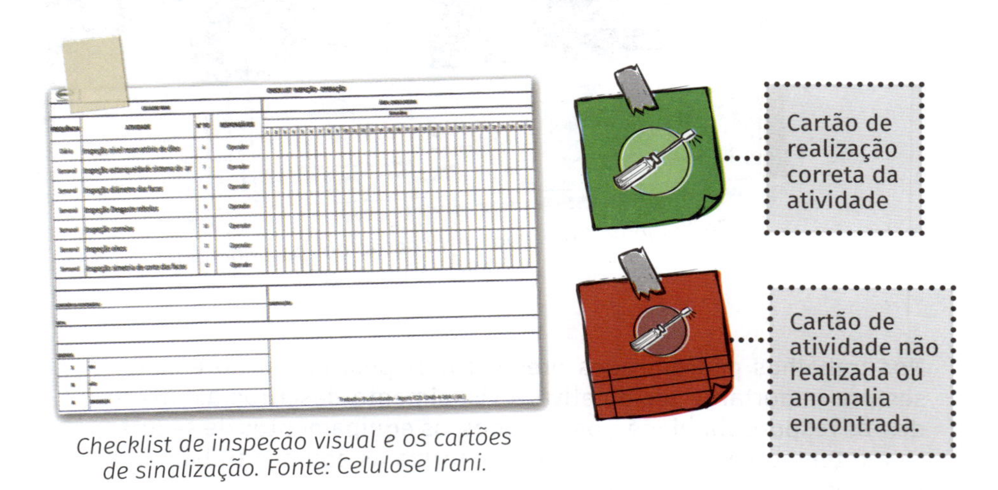

Checklist de inspeção visual e os cartões de sinalização. Fonte: Celulose Irani.

Todos os colaboradores envolvidos no processo foram devidamente treinados, e os padrões visuais desenvolvidos foram todos expostos em um quadro de gerenciamento visual que ficou disposto na área de trabalho. Veja a seguir:

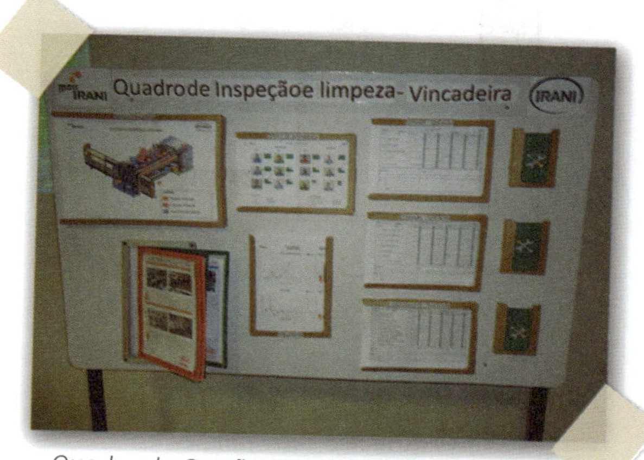

Quadro de Gestão Visual das atividades implantadas no Kaizen.
Fonte: Celulose Irani.

Conforme apresentado, todas as ações do Kaizen se apoiaram no gerenciamento visual, uma prática que, apesar da aparente simplicidade, mostra-se uma poderosa aliada das práticas enxutas. No próximo subitem, são apresentados os resultados do case.

PRINCIPAIS RESULTADOS DO CASE 6

As ações projetadas pela equipe que conduziu o Kaizen foram assertivas, e as metas propostas inicialmente foram atingidas, e até superadas. O downtime não planejado da vincadeira, que tinha como meta 29,49 horas anuais, teve como resultado 18 horas, 38% melhor do que a meta e 57% melhor que o desempenho anterior ao projeto. O tempo médio entre as falhas, cuja meta eram 31 horas, foi de 136,1 horas, 4,4 vezes melhor do que o projetado inicialmente e 5,8 vezes melhor do que o desempenho prévio ao Kaizen.

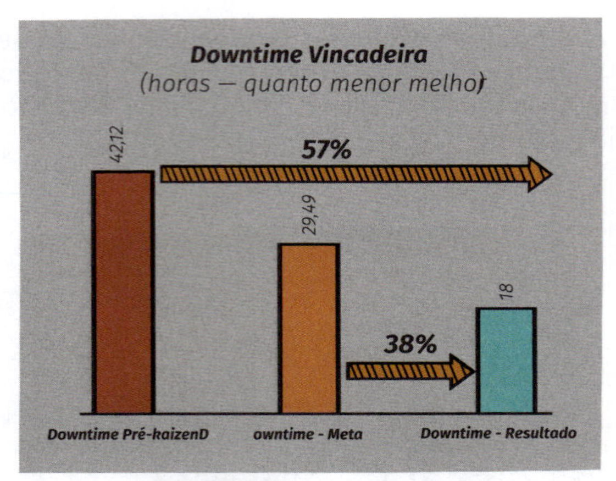

Gráfico do resultado do downtime.
Fonte: Celulose Irani.

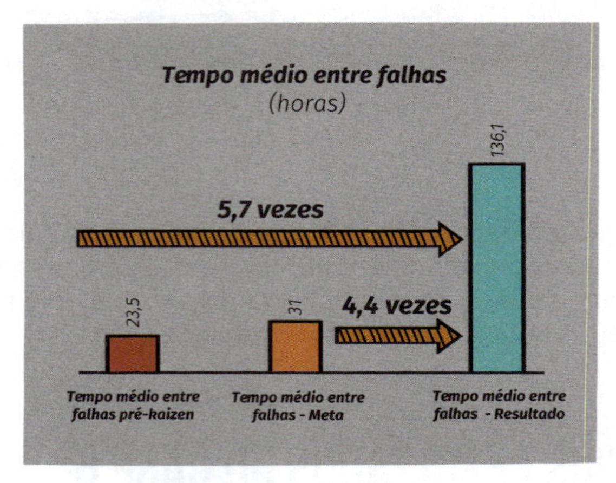

Gráfico de resultado do tempo médio entre falhas.
Fonte: Celulose Irani.

A prática do gerenciamento visual na jornada de trabalho com a produção enxuta na Irani tem se comprovado, tal como em exemplos de outras organizações que aplicam o sistema, como uma aliada que apoia a construção de ações, o gerenciamento da rotina e a correção de rotas quando o percurso não está alinhado aos objetivos da empresa. É importante frisar que a prática, assim como outras ferramentas da produção enxuta, está em evolução contínua, seja pelo aprendizado ao longo do tempo, seja pela descoberta de novas formas de enxergar o mesmo problema, ou ainda, ao se deparar com novos desafios.

REFERÊNCIAS CITADAS NO TÓPICO:

LIKER, Jeffrey K.; MEIER, David. ***O Modelo Toyota:*** manual de aplicação. São Paulo: Bookman, 2007.

LEMMING: CONSIDERAÇÕES FINAIS

Por estar lendo esta parte final, creio que você já tenha tirado suas próprias conclusões sobre o que é proposto aqui.

No entanto, além das vantagens que foram antecipadas no início ("Para quem é este livro", p. 14), aproveito esse espaço para resgatar, confirmar e detalhar alguns pontos notados a partir de experiências práticas e com o tempo (apresento em forma de tópicos para ficar bem objetivo).

Sobre visualização

- Foi possível constatar que a visualização facilita a formação de suposição sobre dados, informação e conhecimento. Além de facilitar a análise de dados e o controle de performance, ela também facilita a discussão e a geração de ideias para criação e inovação na gestão de projetos;

- Percebeu-se também que, com o visualizador adequado, os erros são mais facilmente detectados, tanto na análise de dados quanto na gestão de projetos.

Sobre modelos e ferramentas visuais

- De maneira geral os modelos apresentados aqui promovem a visualização como principal eixo condutor do processo. No entanto, na maioria dos casos, os modelos visuais precisam ser desenvolvidos ou adaptados ao contexto e ao modelo de referência utilizado pela organização. Diante disso, sugere-se que você crie o modelo seguindo as premissas e demais sugestões propostas no Capítulo 4 ("Como montar seu modelo");

- Não recomendo o investimento na transformação de várias ferramentas visuais para modelos de referência muito incipientes. Se você realmente deseja desenvolver ou criar algo visual em um modelo incipiente, faça, no primeiro momento, apenas uma ferramenta, pois, caso o modelo ainda não esteja bem definido, após ocorrer um problema no PDP, a organização, os gestores e a equipe dificilmente saberão se tal problema está mais relacionado ao modelo de referência ou às ferramentas e demais práticas visuais;

- Caso deseje criar seu modelo de forma parecida com o que foi proposto no Capítulo 4, sugiro que siga o roadmap para um modelo visual apresentado no final desse mesmo capítulo. Seguir essa ordem é importante para estruturar o modelo de forma gradual. Além disso, prototipar e testar em uma situação real de projetos é fundamental (lembre-se do que é apresentado no início do Capítulo 3 – p. 46 e 47);

- Todas as ferramentas visuais que são apresentadas neste livro tiveram êxito em algum contexto projetual. No entanto, algumas tiveram sucesso em quase todos contextos e outras funcionam melhor em situações específicas. A sala de projetos, painéis, cronogramas e cartões-recado funcionaram bem praticamente em todos os contextos. **As fichas de orientação** funcionam bem para processos mais consolidados, em que a explicação didática deve acontecer de forma prévia. As fichas de saída e caixas de projeto também funcionam bem no meio analógico, mas podem ser facilmente adaptadas para o meio digital.

Tive a oportunidade de criar e testar ***Fichas de Orientação*** *em diferentes contextos. Por exemplo, junto a uma empresa que trabalhava com Marketing Digital, percebi que não obtivemos o mesmo sucesso. As práticas de desenvolvimento daquele contexto eram tão dinâmicas que as vezes, em semanas, a ficha se tornava obsoleta (ver depoimento na página 107). Portanto, elas são excelentes soluções para orientação de processos mais consolidados, mas não se aplicam em todos os contextos.*

Eu era Gerente de Projetos na Tekoa — Informação e Conectividade quando testei essa e outras alternativas para o Processo de Desenvolvimento de Projeto da empresa.

- Notei também que os modelos, princípios e ferramentas visuais auxiliam na compreensão, visualização, interação e facilitam o Processo de Desenvolvimento de Projetos. Porém, a performance está diretamente relacionada às práticas e ao uso das ferramentas. Ou seja, não adianta promover o conceito de Gestão Visual de Projetos sem aderir às práticas e ferramentas. Já vi isso ocorrer diversas vezes, e na maioria delas, levou ao insucesso;

- Quanto melhor a experiência do usuário com as ferramentas, maiores as chances de sucesso (nesse caso, os usuários são os membros da equipe). Portanto, a usabilidade e o design do projeto como um todo, ou seja, desde o mapeamento do processo até a definição, construção e implementação das ferramentas e práticas, mostram-se um fator decisivo para o sucesso da proposta.

Sobre ferramentas digitais

- Embora isso já tenha sido reforçado algumas vezes neste livro, enfatizo também aqui no final que ferramentas digitais (sejam elas mais visuais ou não) são complementares à Gestão Visual de Projetos e não concorrentes, por uma questão muito simples: existem benefícios específicos muito importantes no meio digital que não existem no mundo físico e vice-versa. Portanto, a equipe é que deve determinar onde e como haverá essa integração entre o físico e o digital – algumas alternativas já foram até apresentadas aqui, mas ainda não identifiquei uma solução padrão para isso também.

Sobre implementação

- A escolha do espaço (tanto o físico como o digital) e das ferramentas a serem desenvolvidas (ou escolhidas) tem de estar adequada com o contexto e com a realidade da equipe, dos projetos e da organização. Os Cases 1, 2, 4 e 5 do Capítulo 5: Mão na massa, reforçam isso. Por exemplo, o Case 1 apresenta um modelo aplicado com fins didáticos; o Case 2, para um volume de trabalhos e uma realidade muito específica, e os Cases 4 e 5, para uma empresa com desafios de escala e volume de projetos. Contudo, repare que, em todos esses cases, o contexto projetual foi entendido de alguma forma antes de definir o modelo (ora foi entendido de forma mais empírica, ora por meio de pesquisas mais sistemáticas);

- Padrões de trabalho já consolidados e detalhados têm de ser amplamente divulgados; padrões de trabalho mais dinâmicos precisam de soluções mais dinâmicas (ferramentas digitais são importantes soluções para isso).

Sobre o uso de forma genérica

- Reforçando o que foi argumentado no tópico: "Por que não propor Lemming como um modelo padrão" (página 120), esclareço que, tanto o roadmap para transformação de um modelo de referência em um modelo visual (ver página 104) quanto as principais ferramentas visuais apresentadas neste livro (cap. 4 e alguns dos cases do cap. 5), podem ser considerados genéricos. Isso porque, ainda que contenha boas práticas que identifiquei e testei nos últimos anos, as soluções propostas possuem limitações quanto à área de conhecimento, aos contextos, às tecnologias e estratégias de gestão, mas seus princípios podem ser aplicados de forma genérica em quase tudo.

Sobre Gestão Visual de Projetos (no seu sentido mais amplo)

- As ações conjuntas de gestão visual podem ampliar a participação de diferentes membros da equipe e promover maior integração entre as etapas de projeto, trazendo mais agilidade ao processo;

- A mudança deve começar do individual para o coletivo (equipe). Se a equipe não aderir integralmente ao modelo visual, serão menores as chances de sucesso. Portanto, as pessoas da equipe podem ser diretamente envolvidas, desde a definição e a concepção das ferramentas até a implementação e o uso.

Por fim, ressalto que, nos últimos anos, diferentes iniciativas foram apresentadas ao redor do mundo com a finalidade de tornar processos de desenvolvimento de projetos mais enxutos, assertivos e voltados para a inovação. Busquei reunir neste livro os melhores autores, conceitos, iniciativas, práticas e ferramentas que conheci e desenvolvi ao longo de minha experiência profissional e acadêmica.

Você já deu o primeiro passo, que foi ler este livro até aqui. Mas, lembre-se: ler é bom, agir é melhor!

"Fiquei maravilhada quando conheci o livro Gestão Visual de Projetos. Sou visual por natureza. E como facilitadora de workshops de Design Thinking e Modelos de Negócios, a imagem passou a ser parte do meu trabalho. Ao ver e percorrer o livro de Júlio Monteiro Teixeira, percebemos como a cor e o traço podem fazer parte de qualquer área do conhecimento, até mesmo de um assunto normalmente árido como a gestão de projetos. Com certeza será um grande apoio no dia a dia das organizações e das pessoas que as compõem.

-Maria Augusta Orofino

Mestre em Engenharia e Gestão do Conhecimento e Consultora na área de Inovação

"Após anos de experiência em gestão de projetos de inovação, estou cada vez mais convicto que o sucesso de um projeto está diretamente relacionado com o conhecimento da equipe sobre o que deve ser feito e o que podem fazer. Neste livro, o professor Júlio apresenta técnicas práticas de grande valia para que uma equipe de projeto possa se valer de instrumentos visuais para alcançar resultados consistentes. Menos documentação, mais conhecimento! E este livro do Júio Monteiro apresenta técnicas práticas nessa forma de pensar...

Rogério Lacerda, PMP

Doutor em Engenharia de Produção e Professor do Departamento de Ciências da Administração da Universidade Federal de Santa Catarina - UFSC.

Cabe ressaltar que todas as imagens que não foram produzidas pela equipe (ou que foram apenas adaptadas) apresentam a fonte na legenda. O Giuliano Vieira Benedet foi o principal ilustrador e arte finalista deste livro. No entanto, a autoria das ilustrações são descritas seguir:

ILUSTRAÇÃO:	ILUSTRADOR:	ARTE FINALISTA:
Páginas: 46, 47,67, 70, 89, 151, 152,164 e 170.	**Felix Li Han Huang**	**Giuliano Vieira Benedet**
Páginas: 64 e 114.	**Felix Li Han Huang**	**Felix Li Han Huang**
Páginas: 05, 44, 45, 75, 76, 77, 78 e 85.	**Willian Peripato**	**Giuliano Vieira Benedet**
Todas as demais páginas	**Giuliano Vieira Benedet**	**Giuliano Vieira Benedet**

Júlio Monteiro Teixeira *é professor do Curso de Design e do Programa de Pós-graduação em Design da Universidade Federal de Santa Catarina (UFSC), onde pesquisa e leciona temas ligados à Gestão Visual de Projetos, Inovação Digital e Branding. Também atua como professor convidado em diferentes cursos de especialização e MBAs do país. O autor já atuou como sócio-administrador em escritórios de projetos por quase dez anos e como diretor de marketing, design e inovação, desenvolvendo projetos e consultorias em tais áreas.*

Quanto à formação, cabe ressaltar que possui o título de Doutor em Engenharia de Produção pela UFSC e que desenvolveu parte de sua pesquisa por meio de um doutorado sanduíche na University of Wuppertal (Alemanha). Também é Mestre em Gestão de Design pela UFSC e possui graduação em Design Gráfico pela Universidade do Estado de Santa Catarina (UDESC). Além disso, também é um apaixonado por café, design, gestão, inovação, empreendedorismo e outros "esportes de aventura".